그림과 사진으로 풀어보는
AK Trivia Book 42

KB063788

영국 집사의 일상

무라카미 리코 지음 ㅣ 기미정 옮김

AK TRIVIA BOOK

목차

서장
집사의 환영

남성 사용인의 실상을 찾아서

2011년 봄, 저자는 『영국 메이드의 일상』이라는 책을 출간한 적이 있었다. 그 책은 100년 전 영국의 여성 가사 사용인, 즉 「메이드 Maid」들의 실태를 담은 책으로, 지금 여러분이 보고 계신 『영국 집사의 일상』은 그 「자매」… 아니, 「남매편」쯤 되는 책이라고 할 수 있는 책이다. 따라서 이번에는 「집사」를 필두로 하는 남성 가사 사용인들과 그들의 생활을 조사하고자 했다.

그런데 본격적으로 자료 조사에 착수하자마자 난관에 부딪혔다. 주류가 되는 역사나 미술의 세계에서 거의 무시를 받았다고는 하지만, 그렇다 해도 메이드를 그린 동시대의 작품은 상당히 많았기에, 솔직히 책 한 권에는 다 담을 수 없을 정도였다.

하지만 정말 신기한 것이, 남성 사용인. 그중에서도 가장 지위가

⚜ 잡지 「펀치」의 편집 회의가 진행된 「펀치 테이블」은 「마호가니 나무」라고도 불렸다. 린리 샘번이 그린 권두 일러스트. 1891년.

높다 할 수 있는 「집사」를 주인공으로 한 그림은 생각 이상으로 남아 있는 것이 적더라는 것이었다.

전작에 이어 이번에도 주요 자료 중 하나로 잡지 『펀치Punch』의 목판화를 참고하였다. 『펀치』는 1841년부터 1992년까지 약 150년 동안 간행된 풍자만화 잡지로, 그 당시의 정

❦ 나이프 연마 가루 광고. 준비를 마친 테이블을 두고 대화를 나누는 여주인과 집사

치나 세태를 냉철하게 분석하는 한편 일상 속에서 흔히 볼 수 있는 가정 내 문제에도 관심을 보였기에 인기가 높았다. 희화화되고 왜곡되었다고는 하지만 과거 영국 사회의 모습을 살피기에는 더할 나위 없는 시각 자료라 하겠다.

우선 시험삼아 1890년부터 3년 동안 발간된 『펀치』의 합본을 대충 훑어보았다. 메이드를 그린 것은 한 해당 5~6점. 하지만 집사를 소재로 삼은 것은 많아야 3점이었고, 아예 등장하지 않은 해도 있었다.

이처럼 집사를 그린 만화가 적은 이유는 무엇일까? 어쩌면 『편

✍ 「시트웰 가의 집사 헨리 모트Henry Moat - The Sitwell Butler」 또는 「그는 부를 축적했지만 아들을 잃었다He Gained a Fortune but He Gave a Son」라는 제목으로 알려진 크리스토퍼 네빈슨Christopher Nevinson의 1918년 작품. 신사다운 모습으로 모델에 임하고 있는 집사의 뒤쪽 벽에는 그를 매일 괴롭히던 사용인 호출 버튼과 전쟁으로 잃은 아들의 초상화가 있다. 아이러니한 초상화.

치』의 제작 현장 자체가 남성 중심적 사회였던 것이 그 이유 중 하나일지도 모른다. 일주일에 한 번씩 모이던 편집 회의 겸 회식은 20세기에 마거릿 대처 전 총리가 게스트로 참가하기 전까지 전통적으로 금녀의 공간이었다고 한다. 남성의 시선으로 제작된 미디어인 만큼, 늙다리 집사보다는 아름다운 숙녀나 귀여운 메이드를 그리는 편이 즐거웠을지도 모르는 일이다.

또 한 가지 생각해볼 수 있는 것은 삽화가의 집에도, 구독자 대다수의 집에도 집사가 없었을 가능성이다. 『펀치』는 영국 빅토리아 시대의 번영을 이끈 신흥 중류 계급을 주요 구독층으로 삼고 있었다. 그런데 몸값이 싼 젊은 메이드에 비해 경험이 풍부한 성인 남성을 장기적으로 고용하는 것은 재력이 상당한 귀족이나 대부호가 아니면 어려운 일이었다. 1901년부터 펀치의 수석 일러스트레이터가 된 린리 샘번Linley Sambourne의 집을 보더라도, 여성 요리사와 하녀, 팔러메이드, 보모는 있었지만, 상주하는 실내 남성 사용인은 없었다. 남자 사용인이라고는 외따로 떨어져 있는 마구간에서 말을 돌보는 마구간지기 한 명과 임시로 고용한 정원사, 그리고 만찬회가 있을 경우에 임시로 부르는 일손이 전부였다.

1881년에 실시된 인구 총조사에 따르면 영국과 웨일스에서 일하는 실내 여성 가사 사용인은 약 123만 명, 마부나 정원사를 제외한 실내 남성 가사 사용인은 5만 6천 명이었다. 여성이 남성보다 무려 22배나 많았던 것이다. 즉 일하는 여성의 대다수는 메이드를 직업으로 선택했지만, 남성 중에서는

병에 든 토닉 워터 광고. 술이나 음료 시중은 집사의 업무 중 하나였다. 1907년.

🏺 보어햄Boreham 씨의 지루한 초대회에서……. 혼자 있는 하인에게 손님들이 우르르 몰려들어 말한다. "내 마차는 아직인가?" 「펀치」 1886년 6월 12일

소수만이 집사와 같은 가사 사용인을 선택했다는 것을 알 수 있다.

불분명한 이미지에 싸인 존재, 「집사」

영화나 문학 작품 속에서 「집사」 캐릭터가 등장한다고 하면 현대 독자들의 뇌리에는 검정색 연미복을 입었으며 기품 있고 신중한데다 부드러운 언행의 남성의 모습이 먼저 떠오를 것이다. 구체적으로 살펴본다면 1930년대의 귀족 저택을 무대로 한 영화, 「남아 있는 나날The Remains of the Day」(1993년작)이 그 전형적인 예라 할 것이다. 시대는 대체로 빅토리아 시대부터 20세기 초반 사이, 아무리 현대를 배경으로 하고 있더라도, 풍요롭고 좋았던 옛 시절의 분위기를 풍기며 서 있다. 아니, 풍기고 있다기보다 스스로 그 분위기에 녹아든 것 같다는 것이 옳은 표현일 지도 모른다. 그런데 사실「영국 집사」라는 말과 함께 연상되는「풍요롭고 좋은 시절」이라 해도, 사실 집사는 출생 신분이나 계급에 따라서는 거의 만날 일이 없을 정도로 드문 존재였다.

분명한 이미지는 있지만 그 수가 적었기에, 혹은 철저히 고용주를 보좌하는 입장이라서 실체를 보기 어려웠던「영국 집사」. 환상에 싸인 집사와 남성 사용인들이 실제로 어떻게 생활했는지 그림과 자료를 통해 알아보도록 하자.

🍷 (왼쪽)월터 댄디 새들러Walther Denby Sadler(1854 ~ 1923) 작,「집사의 술잔The butler's glass」 집사와 와인은 불가분의 관계에 있었다.
🍷 (오른쪽)윌리엄 퀄러 오자드슨William Quiller Orchardson 작,「정략결혼The Marriage of Convenience」(1883). 아름다운 드레스, 품위 있는 매너, 아기자기한 소품, 맛있는 음식, 그리고 집사도 상류 생활의 필수품이었다. 사랑이 식은 부부를 그린 이 그림은 발표되자마자 엄청난 인기를 얻었다.

영국의 계급

영국은 계급사회다. 시대에 따라 정의나 경계선에 변화는 있지만 계급의 존재 그 자체는 현재까지도 이어지고 있다. 19세기의 빅토리아시대에는 일반적으로 상류 · 중류 · 노동자계급, 이렇게 세 가지 계급으로 나뉘었다.

❀ 상류계급

상류계급은 귀족과 지주로 구성된다. 노동을 하지 않고 토지를 빌려주고 얻는 수입이나 이자로 생활하는 것이 원칙이었다. 전통적으로 정치나 사법 등 국가의 상층부에서 요직을 차지했다.

❀ 중류계급

중류계급은 사업으로 생계를 유지하는 사람들이다. 벌어들이는 소득의 양이 나 경로는 매우 폭이 넓었다. 성직자, 법정 변호사, 해군 또는 육군 장교, 내과 의 사 등 전통적으로 고급 직업으로 인정받던 전문직과 사업으로 부를 축적한 기업 가들은 「상층중류계급」, 사무직이나 공무원 등은 「하층중류계급」으로 분류된다. 빅토리아 시대 속에서 그들은 우아하고 지적이고 근면한 생활을 추구하는 독특 한 가치관을 가지고 있었다.

❀ 노동자계급

노동자계급은 명칭대로 육체노동을 하고 대가를 받는 사람들이다. 집사나 메 이드 같은 가사 사용인이 여기에 속한다. 양질의 교육을 충분히 받지 못한 상태 에서 수입이 적고 몹시 빈궁한 삶을 살 수밖에 없었다. 그러나 19세기 말부터 20 세기에 걸쳐 공교육 도입, 선거권 확대 등을 거치면서 점차 발언권이 강해졌다.

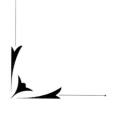

휴버트 폰 허코머Hubert von Herkomer(1849~1914) 「파업On Strike」1891년.

제임스 티소James Jacques Joseph Tissot(1836~1902) 「야망을 품은 여인A Woman Of Ambition」
1883~85년경의 작품.

집사가 된 정치가들

1841년에 창간된 주간 풍자만화 잡지 『펀치』는 폭넓은 주제를 다루며 신흥 중
류 계급의 지지를 얻었다. 특히 시사나 정국을 향한 날카로운 비판은 창간 당시
부터 호평을 받았다.

그 당시 유명인의 행동을 여러 방식으로 꼬집어 희화화했다. 신화나 전설 속
인물부터 서민적인 직업까지 다양한 배역이 등장했지만, 국가에 봉사하는 정치
가에게는 아무래도 집사 역할이 딱 맞아 보인다.

※ (왼쪽)자유당 총리 글래드스턴(1809~1898)이 영국을 의인화한 여신 브리타니아에게 "휴가를 가도 되겠습니까?" 하고 묻는다. 문제가 산더미처럼 쌓여 있어도 여름이 되면 의회는 휴회에 들어간다. 『펀치』 1871년 8월 26일.

※ (오른쪽)철도 매점 체인점으로 부를 축적하고 장관을 역임한 윌리엄 헨리 스미스(1825~1891). "디저트를 드시고 싶다고요? 아가씨, 이제 막 두 번째 요리(조항)를 내온 참입니다!"

※ (왼쪽)마찬가지로 글래드스턴과 브리타니아. "빌Bill, 「청구서」와 「법안」이라는 의미가 있다을 처리하고 나면 하우스House, 「국회」를 가리키기도 한다를 잠그고 바다로 가자꾸나." "알겠습니다. 마님." 이라고 대답하며 식탁 위의 양초를 전용 도구로 끈다. 1873년 7월 19일.

※ (오른쪽)수정안 폭풍을 맞고 당황하는 스미스 집사. "이와 같은 사태가 계속된다면 단호하게 사직 의사를 밝혀야겠군!" 1889년 3월 30일.

제1장
집사의 기원

🎐『베리 공작의 매우 호화로운 기도서Les Très Riches Heures du Duc de Berry』(1410년대)에서. 프랑스 귀족 베리 공작이 격식을 갖춰 차린 정찬 풍경. 푸른색 옷을 입고 붉은 장식천 아래에 앉아 있는 남성이 공작, 그 왼쪽 뒤에서 막대기를 들고 서 있는 것이 관리인. 테이블 앞에는 고기를 자르는 사람과 시중을 드는 사람이 있으며, 그림 왼쪽에는 황금잔에 술을 따라 독이 들었는지 먼저 맛을 보는 사람이 있다.

으리으리한 귀족의 저택

이 책은 19세기 후반부터 20세기 초반을 중심으로 「영국 집사」의 모습과 생활상을 여러 자료와 그림을 통해 살펴볼 목적으로 집필한 것이다.

하지만 그 전에 「집사」라는 단어의 사용에는 조금 주의가 필요하다. 일반적으로는 영어 「Butler」에 「집사」라는 말이 대응되지만 다른 직책을 가리키는 단어도 「집사」라고 번역되는 경우가 있기 때문이다.

대저택 안에서 일하는 남성 사용인 중에 「저택 관리인House steward」, 「집사Butler」, 「시종Valet」은 번역에 따라 모두 「집사」라고 표기되기도 한다. 하지만 언어라는 것은 살아 있는 생물과 같기에, 시대의 변화에 따라 업무 내용은 물론 위치도 바뀌곤 한다. 대저택에서 일하던 가사사용인의 역사를 따라 이 세 가지 직책의 변천사를 살펴보도록 하자.

중세의 가사사용인

중세 무렵, 그러니까 약 15세기까지 영국 귀족들의 집 안에는 지금보다 더 많은 사람이 북적대며 살았다. 단순히 아이가 많다거나 친척이 많다는 의미가 아니다. 과거에는 한 지붕 아래에서 같이 생활하는 사병이나 가사사용인도 신분에 상관없이 「가족Family」의 일원으로 받아들였기 때문이다.

귀족은 왕을 섬긴다. 또한 훈작사나 신사Gentlemen는 지위가 높은 대귀족을 섬긴다. 당시 귀족이나 신사들에게는 더 지위가 높은 유력한 가문에 자신의 아이를 보내는 풍습이 있었다. 젊은 사람들은 본인도 신사 가문 출신이면서 다른 집에 들어가 살면서 사용인으로 일을 한 것이다.

요리나 설거지, 세탁 같은 실질적인 육체노동은 「독립자영농민Yeoman」 이하의 가문에서 온 사람들이 담당했다. 좋은 가문 출신 자녀들은 서민 출신 사용인보다 한 단계 위에 서서 몸시중, 식사 시중, 술 시중 등 주군 일가와 직접 접촉하는 일을 맡았다.

주인이 손 씻을 물그릇을 받치는 일과 두 손으로 수건을 드는 일을 각각 나눠서 하기도 하고, 무릎을 꿇고 마실 것을 바치기도 했으며, 식탁에 차려진 고기 한 조각을 잘라서 독이 있는지 먹어보기

찰스 2세(재위 1660~1685)의 식사 풍경. 왕관을 쓰고 앉아 있는 왕 옆에 무릎을 꿇고 술을 올리는 시종의 모습이 보인다.

도 하는 등 귀족의 저택은 호들갑스러울 정도의 의례로 가득 차 있었다. 이렇듯 좋은 가문의 젊은이들은 사용인으로 일한 경험을 통해 예의범절과 교양을 익혔고, 때때로 일하러 온 이성 중에서 결혼 상대를 찾았다. 다만 당시 귀족 구성원은 압도적으로 남자들이 많았기 때문에 좋은 인연을 찾기 위한 경쟁률은 높았을 것이다.

중세 사람들에 있어, 다른 가문의 사용인이 되는 일은 절대 수치가 아니었다. 오히려 주인 가문의 문장이나 주인이 하사한 제복을 입고 활보하는 것을 명예로 여겼다. 위험한 시대에 일족의 안전을 확보하면서 출셋길을 여는 방법 중 하나였기 때문이다.

「관리인」의 기원은 신사의 신분

중세 귀족의 저택에는 100명, 200명이나 되는 사람들이 살고 있었다. 수많은 사용인들은 세분화된 업무를 각각 맡아서 처리했다. 이 복잡한 조직의 정점에 있던 것이 바로 「관리인Steward」이었다.

「관리인」은 저택 내의 일뿐만 아니라 영지 전체의 운영권까지 위임받아 주인의 수입을 책임지는 역할을 맡고 있었다. 또한 영주들은 영지 내 사법권을 가지고 있었는데, 관리인은 영지 재판의 사무도 맡아서 관리했다. 중세 시대의 관리인은 사용인의 수장이자 법률가였던 것이다.

시간이 흐르면서 영지의 운영은 「토지 관리인Land Steward」이, 저택 내 운영은 「저택 관리인House Steward」이 각각 나눠서 맡게 되었다.

🖋 집무실 책상에 앉은 토지 관리인Land Agent이 임차인Tenant에게 땅값 인상을 통보하지만, 어물쩍 넘어가려 한다. 그림엽서. 소인은 1908년.

신분에 초점을 맞춰보자면, 간혹 훈작사 출신도 있었지만 중세 시대 관리인은 반드시 신사 가문 출신이었다. 사용인의 위치이기는 하나 그들의 정점이었으며, 비교적 주인과 신분 격차가 적었다. 남편을 잃은 미망인이나 일하던 집의 아가씨와 결혼하여 하루아침에 「성을 보유한 영주님」으로 신분 상승하는 관리인도 있었다.

시대가 변하면서 주종 간 신분의 격차는 더욱 깊어져 갔다. 17

세기에는 좋은 집안의 자녀가 다른 가문을 섬기는 모습을 거의 찾아볼 수 없었다. 출신이 좋은 사용인이라 해도 기껏해야 상인이나 성직자, 군인과 같은 중류 계급 정도. 「신사 신분의 사용인」은 점점 자취를 감췄다. 일례를 들자면 18세기 초, 어느 백작가와 연이 있는 남성이 공작가의 관리인 자리에 응모했다가 가문이 '지나치게 좋다'는 이유로 거절당했다고 한다. 18세기 말에 이르러서는 「Family」라는 말에 사용인이 포함되는 일은 없어졌다.

18세기부터 19세기 초에 걸쳐 귀족의 영지에서도 대규모의 농법 개량이나 광산 개발이 활발하게 이루어졌다. 생산 효율이 비약적으로 늘어남에 따라 전통적인 체제로는 버틸 수 없게 되었고, 큰 규모의 사업을 유능하게 처리할 경영 전문가가 필요하게 되었다. 그러면서 관리인, 토지 관리인을 기존의 「스튜어드Steward」, 「랜드 스튜어드Land Steward」대신, 「에이전트Agent」, 「랜드 에이전트Land Agent」라고 부르는 일이 많아졌다.

「스튜어드」에서 「에이전트」로의 변경은 수입은 물론, 사회적 지위라는 측면에서도 그 위치가 크게 달라진 것을 의미했다. 19세기 중반 이후, 에이전트는 철저한 교육이 필요한 전문직이 되었다. 따라서 대귀족의 영지를 맡으면 소지주나 어지간한 중류 계급 저리 가라 할 정도의 고액의 보수도 기대할 수 있었다.

실내 사용인, 다시 말해 저택 관리인이나 집사와 비교해도 당연히 에이전트 쪽이 더 위였다. 고용주와 동격인 상류 신사 대접까지는 받지 못했지만, 때때로 초대를 받고서 같은 식탁에 앉아 식사를 하기도 했다. 과거에는 그저 사용인 가운데 정점이었을 뿐인 존재가 남성 가정교사나 저택에 기거하던 성직자와 비슷한 지위까지 올라선 것이었다. 이후, 단순히 「스튜어드」라고 하면 토지 관리인보다 저택 관리인을 가리키는 경우가 많아졌다. 사용인을 통솔하고 가계를 관리하며 저택의 운영을 도맡아 하는 그들 저택 관리인은 20세기가 되고 나서도 왕실이나 상류 귀족이 소유한 일부 대규모 저택에서 이 이름으로 계속 활동하게 된다.

주류 담당이었던 「집사」

「버틀러Butler」의 어원은 옛 프랑스어인 「bouteillier」이다. 이것은 「술을 따르는 사람」이라는 의미인데, 이 단어의 뜻에서 알 수 있듯, 집사의 역사는 주류와 밀접한 관계가 있다.

중세 시대의 귀족 저택의 중앙에는 천장이 높고 거대한 「홀」이 있었다. 저택의 주인이나 동급의 손님들, 관리인을 비롯한 상급 사용인들은 이곳에 모여 식사를 했다. 홀 안쪽 벽에는 아치문이 세 개 있었는데, 가운데 문은 주방으로 향하는 통로로 이어져 있었고, 양쪽 문은 각각 맥주와 양초를 준비하는 「음료 보관실Buttery」과 빵을 내오는 「식품 보관실Pantry」로 이어져 있었다.

참고로 이 「팬트리」라는 공간은 현대에도 남아 있는데, 대저택뿐만 아니라 도시의 작은 집에서도 그 흔적을 찾아볼 수 있다. 빵이나 건조식품과 같은 식료품을 저장한 작은 창고나 찬장을 팬트

리Pantry라고 부르는 것이 그것이다. 그러나 앞쪽에 수식어가 붙어서 「버틀러즈 팬트리Butler's pantry」가 될 경우에는 공간의 성질이 달라진다. 이곳은 식품 창고가 아니라 이름 그대로 집사의 영역이기 때문이다. 이곳은 집사가 부하와 함께 은식기 손질 등, 각종 작업을 하는 공간이다.

자, 다시 중세 이야기로 돌아가자. 음료 보관실장은 「요맨 오브 더 배터리Yeoman of the buttery」, 또는 「버틀러Butler」라 불리며 와인과 맥주를 책임졌다. 식품 관리실장은 「요맨 오브 더 팬트리Yeoman of the pantry」, 또는 「팬틀러Pantler」라 불렸고, 빵, 소금, 식기를 관리했다. 17세기에 이 두 가지 직책이 합쳐지고 그 외의 업무도 흡수하면서 오늘날 우리가 아는 「집사」의 모습이 형성되기 시작했다.

⚜ 「채즈워스Chatsworth」 대저택의 집사를 그린 초상화. 19세기 중기~후기의 것으로 추정.

원래 「버틀러」나 「팬틀러」는 앞에서 말한 말한 「스튜어드」와 달리 신사 계급이 아니었다. 이 점은 후세가 되어서도 달라지지 않았지만 실내 사용인들 사이에서의 집사의 위치는 크게 달라졌다. 중세 초기에는 몇 개나 되는 작업용 공간의 책임자였을 뿐, 주인을 직접 모시는 명예는 얻지 못했다. 하지만 「신사 신분의 사용인」들이 모습을 감추면서 그 자리를 메우듯이 집사의 지위는 점점 상승했다. 저택 관리인이 따로 없는 집에서는 이쪽의 업무까지 흡수하여 결국 실내 사용인의 정점에 서게 되었던 것이다.

600년 전, 귀족의 저택에서 집사는 주류와 식기를 담당하는 중간 관리직이었다. 하지만 19세기를 거쳐 20세기에 이르러, 그 후손들은 와인과 은식기 관리를 본분으로 하는 점은 계승하면서도 식사 시중과 접객, 인사 관리, 회계와 같은 부분까지 담당 영역을 넓히면서 매우 중요한 지위에 서게 되었다. 똑같이 「버틀러」라 불려도 시대의 변화에 따라 지위와 담당 영역이 크게 달라진 것이다.

시종, 또는 신사를 모시는 신사

집사는 집 안 전체를 관리하지만 시종은 원칙적으로 주인 한 명을 보필한다. 귀족이 주변에 권세를 과시하는 방법에는 여러 가지가 있는데, 여성의 경우에는 시녀Lady's maid, 남성이라면 시종이라고 하는 전용 사용인을 두는 사치가 바로 그 가운데 하나였다. 이 사람들은 주인의 옷이나 수염, 몸단장을 책임졌다.

시종에게는 「신사를 모시는 신사(Gentleman's gentleman)」라는 별명이 있었다. 그것은 예의상의 경칭과 같은 것으로, 적어도 19세기나 20세기의 시종은 진짜 신사 신분이 아니었다. 다만 중세 시대까지 거슬러 올라가면 영주의 곁에는 주인의 의복과 방을 관리하는 「체임벌린Chamberlain」이라고 하는 신사 신분의 사용인이 분명히 있었다. 그 아래로는 「요맨 오브 더 체임버Yeoman of the chamber」라 불리는 부하가 있었는데, 주인의 옷에 솔질하거나 구두나 양말을 가지런히 정리하거나 추운 날에는 불가에서 속옷을 덥히는 일을 담당했다. 체임버로 일한 이 사람들이 훗날 시종의 원조라 추측된다.

프랑스 문화의 영향을 강하게 받은 17세기경, 영국의 대저택에서는 방 이름부터 식습관까지 수많은 프랑스어가 도입되었다. 이 시기에 「요맨 오브 더 체임버」는 프랑스식으로 「밸릿 드 샹브르(Valet de chambre)」라 불리게 되고, 이후 뒷부분이 생략되면서 「밸릿Valet」이라는 용어가 정착된 것으로 보인다.

밸릿은 시종 외에 집사, 종복, 측근 등으로 번역되기도 한다. 그리고 종복이라는 단어에 풋맨Footman이라는 영어를 대응시키는 경우도 있다. 혼란을 피하기 위해 이 책에서는 「종복」이라는 말을 쓰지 않기로 한다.

여러 단어로 번역되면서 폭넓은 이미지를 갖게 된 「집사」들. 이어지는 장에서 그들이 실제로 한 업무 내용과 생활하면서 있었던 사건과 이미지 속에 감춰진 속마음에 대해 자세히 살펴보도록 하자.

❧ (왼쪽)외출하기 위해 야간
정장으로 갈아입은 주인 곁
에서 코트를 들고 대기 중
인 시종. 20세기 초.
❧ (오른쪽)아이작 올리버Isaac
Oliver 작, 「브라운 3형제
The Three Brothers Browne」
(1598)의 일부. 오른쪽은 주
인보다 유행이 지난 옷을
입고 에이프런을 하고 있는
16세기의 시종.

❧ 주인의 시중을 들며 양말을
신기려고 하는 「체임벌린」.
1320년.

주요 가사 사용인 일람

❀ 남성 사용인

◎ 저택 관리인House steward, Steward

실내 사용인의 정점에 선 사용인 대표. 주인의 개인 사용인을 제외한 사용인의 채용과 해고를 담당한다. 경비를 장부에 기입하고, 청구서의 지불을 처리했다. 주인의 편지를 대필하고, 여행을 준비하거나 집에서 다른 집으로 식솔이 이동할 때 지휘도 했다. 상당히 규모가 큰 저택에서만 존재하는 직책이었다.

◎ 집사Butler

주류 관리를 책임지는 사용인. 부하인 하인을 감독하고, 식사 시중을 들거나 은식기를 관리한다. 저택 관리인이 없는 집에서는 인사 · 회계 업무는 집사의 영역이 된다. 저택 관리인과 집사가 모두 있는 경우는 드물며, 은식기 담당인 하급

❀ 저택 「오드리 엔드Audley End」의 사용인을 찍은 1925년의 사진. 가운데 요리사가 있고, 그 양옆으로 하우스 메이드 두 명. 왼쪽 끝의 남성은 마부, 오른쪽 끝은 자동차 운전수. 나머지는 정원사와 마구간지기로 추정된다.

집사Under butler, 와인을 관리하는 와인 집사Wine butler 같은 하위 직책이 저택 관리인 아래에 있는 경우도 있었다.

◎ 그룸 오브 체임버Groom of chambers

응접실이나 객실 같은 곳의 미관을 책임진다. 방문객을 응접실이나 객실, 침실로 안내하기도 하고 쿠션이나 의자 위치를 똑바로 정리하기도 하며, 업무 책상에 구비된 사무용품을 보충하기도 한다. 다분히 장식적인 직책으로, 규모가 큰 저택에만 있었다.

◎ 시종Valet

남성 주인의 신변을 돌보는 개인 전속 사용인. 의복 관리와 여행 시 짐을 꾸리는 일을 책임진다. 해외여행에도 동행했기 때문에 시각표에 정통한 것은 물론 어느 정도 외국어도 할 수 있어야 했다. 「집사 겸 시종」으로서 두 가지 직책을 겸임하는 경우도 많았다.

◎ 풋맨Footman, 하인

화려한 제복을 입고서 손님을 맞이하거나 외출 시 마차에 동승하거나 식사 시중을 드는 일을 한다. 접객 업무가 없을 때는 집사와 함께 은식기 손질을 했다.

◎ 홀 보이Hall boy, 페이지 보이Page boy, 그 외

어린 소년이 맡았던 일종의 수습직. 무거운 것을 나르거나 부츠, 나이프를 닦는 등 궂은일을 맡아서 했다.

페이지 보이는 단추가 많은 독특한 제복을 입어서 「버튼즈Buttons」라고도 불렸다.

◎ 마부Coachman, 말구종Groom

마부는 자가용 마차를 몰고 마차 관리를 담당한다. 주인을 태우고 외출할 때에는 제복을 갖춰 입고서 의례적인 역할도 수행했다. 말구종은 말을 손질하고 조교하는 관리 담당이었다.

❀ **(왼쪽)**마부의 제복. 깃을 단 실크햇에 부츠.
❀ **(중간)**마부의 코트. 뻥 뚫린 마부석은 비바람을 맞을 수밖에 없었기에 따뜻한 옷이 필요했다.
❀ **(오른쪽)**1881년경 남성 사용인의 주문 제작 의상. 하인의 약식 예복. 엉덩이 쪽에도 달려 있는 금속 단추가 특징.

◉ 정원사Gardener

채소밭이나 온실, 과수원을 관리하고, 집에서 직접 기른 채소와 과일을 주방에 제공한다. 장식용 꽃도 재배한다. 큰 저택에서는 수습생 수십 명을 부하로 두고 부렸다.

◉ 사냥터 관리인Game keeper

사냥 시 사냥감이 되는 새나 짐승을 「게임Game」이라고 한다. 사냥할 때 풀어놓는 꿩 등을 대규모로 사육하고, 사냥터를 돌며 밀렵꾼을 쫓아낸다. 사냥을 하는 날에는 동행하여 곁에서 도왔다.

❦ 여성 사용인

◎ 가정부Housekeeper

가정부는 실내 여성 사용인을 총괄하는 책임자. 리넨과 도자기를 관리하며, 신선 식품을 제외한 생필품 구입과 지급을 담당한다. 가정부의 관할 내에는 청소를 담당하는 하우스 메이드House maid들이 있었다. 또 증류실Stillroom이라고 불리는 화덕과 싱크대를 갖춘 작은 주방에서 가정부와 스틸룸메이드가 차나 커피, 간단한 식사, 잼이나 피클을 만드는 집도 있었다.

◎ 요리사Cook

요리사. 키친 메이드를 조수를 두고 가족이 먹을 음식을 조리한다. 식자재를 구입하고 지불하는 일도 맡아서 한다. 대다수의 집에서 요리사는 임금이 낮은 여성이었다. 주방 옆에 딸린 설거지방Scullery에서는 스컬러리 메이드Scullery maid가 밀려드는 설거지거리에 허덕이고 있었다.

◎ 레이디스 메이드Lady's maid

여성의 개인 전속 메이드. 드레스 관리나 머리 손질, 미용 전반을 담당한다.

◎ 유모Nanny

아이의 양육을 담당하는 메이드. 보모Nursery maid, Nurse maid를 부하를 두고 관리했다.

◎ 팔러 메이드Parlour maid

접객을 담당하는 하녀. 집사나 하인이 없는 작은 집에서는 그들의 업무 일부를 대신한다.

제2장
주인의 생활

§ 알프레드 에드워드 엠슬리Alfred Edward Emslie(1848~1918) 작. 「하도 하우스에서의 만찬Dinner at Haddo House」(1884). 맨 앞자리에 안주인인 애버딘 백작 부인이 앉아 있고, 그 오른쪽 인물은 글래드스턴 총리. 화려한 만찬회 모습이다.

집사들의 눈에 비친 상류 생활

「이 새로운 세계는 저를 완전히 매료시켰습니다. 정신을 차리고 보니 저는 상류 사교계와 정치 세계와 전원생활과 가정생활이 한데 섞인 장소에 들어와 있었습니다. 처음 한두 달은 생각을 할 시간도 없었습니다. 세인트 제임스 스퀘어St. James's Square, 애스터가 소유의 런던 타운 하우스와 클리브덴Cliveden, 애스터가의 본 저택, 컨트리 하우스을 오가는 기차 안을 제외하면 한 시간도 쉴 수가 없었으니까요.」 (에드윈 리Edwin Lee, 1912년부터 15년 동안 애스터가를 모셨다.)

　제1 풋맨으로 처음 애스터 가문에 들어온 에드윈 리는 너무나도 활달한 주인 부부 덕분에 처음 두 달은 눈코 뜰 새 없이 바쁘게 보냈다. 여기서 언급된「새로운 세계」란 주인 월도프 애스터Waldorf As-tor와 낸시Nancy 부부를 있는 공간을 말한다.

　짤막한 글 속에 영국의 상류 계급에 속한 사람들의 삶이 전부 응축되어 있다. 이후 애스터는 부친의 작위를 이어받았고, 두 사람은 자작 부부가 되었다. 남편은 귀족 가문의 주인이자 상원의원이었고 아내 또한 하원의원이었다. 이 의원 커플을 따라 에드윈 리는 런던 사교계와 정계, 시골의 대저택을 수시로 오가는 생활을 반복했다.

　만약 은둔 생활을 하는 노인의 집에 단 한 명의 남성 사용인으로서 고용되었다면 방문객이 적고 변화도 없는 나날이 계속되었을 것이다. 화려한 것을 좋아하는 주인을 따라 해외 휴양지에 가서 야밤에 유흥을 즐기는 시종도 있었다. 자주 대서양을 횡단하는 사업가를 모시게 되면 그야말로 여행의 연속이다. 주인이 한 해에 몇 주밖에 머물지 않는 변경 지역 성의 집사가 되면 주인이 없는 나머지 기간은「집을 지키는 사람」이 된다.

　집사를 비롯한 남성 가사 사용인은 귀족이나 지주, 대부호 기업가가 아니면 고용할 수 없는, 이른바「사치품」이었다. 그렇다면 화려한 삶의 상징인 집사나 하인의 생활은 어땠을까. 그들의 생활은 주인의 수입 규모와 생활 스타일에 따라 크게 달라졌다. 이번 장에서는 사용인의 생활상을 알아보기 전에, 먼저「집사가 있을 법한 귀족 가정」의 한 해 생활을 살펴보도록 하자.

봄-런던 사교 시즌의 시작

봄부터 초여름까지는 사교의 계절이다. 빅토리아 시대부터 20세기 초에는 의회의 개회에 맞춰 귀족 중 일부가 런던으로 이동하는 2월을 사교 시즌의 시작으로 보았다. 참고로 현대의 의회 회기會期는 11월부터 이듬해 11월까지 1년이다.

왜 의회의 개회를 사교 시즌의 시작으로 보았을까? 그것은 귀족이 자동으로 상원 의석을 확보한 존재였기 때문이다. 그 사람이 성실하게 등원을 했는지는 상관없다. 의석을 차지한 「귀족Peerage」의 작위는 위부터 공작Duke, 후작Marquess, 백작Earl, 자작Viscount, 남작Baron, 이렇게 다섯 종류. 그리고 준남작Baronet과 훈작사Knight가 그 뒤를 잇지만, 엄밀히 말해서 이 두 가지 작위는 귀족이라고는 할 수 없었기에 상원 의석은 없었다. 준남작이나 훈작사, 또는 평민의 신분으로 정치에 참여하고 싶다면 하원에 입후보하여 선거에서 이기는 수밖에 없었다.

귀족의 정치 활동은 전통적으로 무보수였다. 그들은 일하지 않아도 우아하게 살 수 있을 만큼의 수입원을 보유하고 있으며, 오로지 돈을 벌 목적으로 사업에 손을 대는 일은 하지 말아야 한다고 생각했기 때문이다.

의회 개회는 시작의 신호이기는 했지만, 본격적으로 사교 시즌

🌸 바로크 양식으로 알려진 요크의 대저택 「캐슬 하워드Castle Howard」. 칼라일 백작 가문의 본거지였다.

이 시작된 것은 아니었다. 19세기 말 이후, 상류 계층 사이에서는 겨울부터 초봄까지 프랑스의 칸Cannes이나 비아리츠Biarritz 등 남유럽의 휴양지에 머무는 것이 유행했다. 그렇게 봄의 방문을 알리는 3월, 또는 4월의 부활제가 지나고 5월에 들어서면 드디어 시즌의 전성기를 맞이하게 된다.

훗날 영국 총리 처칠의 어머니가 된 레이디 랜돌프 처칠Randolph Churchill의 회상에 의하면 1880년대 10월부터 2월까지 런던은 「사막」이었다고 한다. 그렇지만 5월 1일이 된 순간, 중심부에 위치한 고급 주택가에는 일제히 꽃이 장식되고 생기가 돌아왔다.

🌸 레이디 랜돌프 처칠과 훗날 총리가 된 아들 윈스턴 처칠(오른쪽), 동생 존(왼쪽).

 미국 대부호의 딸이자 말버러Marlbor-
ough 공작가 삼남의 아내가 된 레이디
랜돌프 처칠.

「만찬회, 무도회, 그 외 여러 파티가 잠시 쉴 틈도 없이 밀려들어서 7월 말까지 이어집니다. 딱 한 번, 성령강림절Whitsuntide, 부활제가 지나고 7주 후 일요일부터 시작되는 주간에 휴회할 때만 중단됩니다. 경마를 좋아하는 사람 중에는 뉴마켓Newmarket에서 일주일을 보내는 분도 몇몇 있었습니다. 하지만 진정한 상류층 사람들은 유서 깊은 경마, 즉 더비The Derby, 애스콧Ascot, 그리고 굿우드Goodwood밖에는 가지 않았습니다.」

경마장은 가든파티

사교 행사 일정은 매년 정해진 날에 진행되는 것도 있지만, 유동적인 것도 있었다. 뉴마켓 경마장에서 진행되는 대규모 경마는 4월이나 5월에 개최된다. 요즘에는 「유서 깊은 경마」 중 하나로 손꼽히고 있지만, 19세기의 상류층 귀부인에게는 그렇지 않았던 모양이다. 「더비The Derby」는 엡섬Epsom 경마장에서 5월 또는 6월에. 애스콧은 그 다음 주. 굿우드에서 진행되는 경마는 매년 7월 말에 개최된다.

❦ 광활한 부지에 자리 잡은 클리브덴. 런던 국회의사당을 설계한 것으로 잘 알려진 찰스 배리 Charles Barry가 개축한 것.

클리브덴과 애스터 자작가

🌿 17세기의 수렵 별장

「클리브덴」은 런던에서 자동차로 40분 정도 걸리는 곳에 위치한 저택으로, 현재도 버킹엄셔Bucking-hamshire에 존재하는 컨트리 하우스다. 원래 17세기에 버킹엄 공작의 수렵 별장으로 건축되었는데, 19세기 말에 독일계 미국인 부호인 애스터William Waldorf Astor가 막대한 금액을 주고 구입했다. 이 애스터는 훗날 자작 작위를 얻는다. 저택과 토지는 1906년에 아들인 월도프 애스터에게 증여되었다. 보수당 소속 정치가였던 2대 자작과 그의 부인 낸시는 이 클리브덴을 무대로 활동을 펼쳐 나갔다.

저택은 2대 자작의 사망 후 장

❦ 1912년부터 1960년대까지 클리브덴에서 일한 집사 에드윈 리. 배경은 클리브덴 저택.

남인 윌리엄 애스터William Astor에게 넘어갔는데, 훗날 이 저택은 「프러퓨모 사건 Profumo affair」의 무대로 영국 전역의 관심을 받게 되었다. 이 사건은 클리브덴 저택에서 열린 파티에서 육군 장관인 존 프러퓨모John Profumo와 매춘부인 크리스틴 킬러Christine Keeler가 처음 만나 주기적으로 관계를 맺었던 것이 그 시작으로, 그녀가 주 영국 소련 대사관의 주재무관과도 얽혀 있는 것이 밝혀지면서 기밀 누설 의혹을 받은 사건이다. 현재 클리브덴은 호화로운 컨트리 하우스 호텔로 운영되고 있다.

🐾 시녀가 쓴 회고록

애스터 자작 부인인 낸시를 모셨던 시녀 로지나 해리슨Rosina Harrison은 주인과의 생활을 쓴 자서전 「로즈: 사용인의 삶 속 나의 인생rose: my life in service(1975)」을 출간했다. 이 자서전이 큰 인기를 끌면서 그녀는 과거 함께 일했던 남성 사용인들의 회상을 모은 「신사를 모시는 신사들Gentlemen's Gentlemen: My Friends in Service(1976)」을 출간하기도 했다.

참고로 이 책에 나오는 고든 그리메트Gordon Grimmett, 에드윈 리Edwin Lee, 찰스 딘Charles Dean, 조지 워싱턴George Washington, 피터 휘틀리Peter Whiteley의 경험담은 주로 해리슨이 엮은 「신사를 모시는 신사들」에서 인용했다.

§ 런던에 위치한 애스터 자작가 소유 타운 하우스의 식탁. 부부는 의자를 최대한 붙여놓으라고 지시했다. 그래야 회의가 활발히 진행된다고 생각했기 때문이다. 시중을 들어야 하는 하인은 고생이었겠지만….

≪ 한껏 꾸민 모습을 사진관에서 찍고 있다. 『더 그래픽』 1895년.

그 누구보다도 화려하게 차려 입고서 그 드레스에 대해 자세하게 쓴 기사를 여성 잡지에서 보기 위해. 깊은 밤에는 그 드레스 차림으로 본드 거리에 위치한 사진관에 가서 촬영하기 위해. 그 모든 것들이 자신이 왕궁에 갔다는 사실을 사교계에 알리기 위해서이다.」(찰스 에어 패스코Charles Eyre Pascoe 저, 『오늘의 런던 London of today(1902)』)

「왕궁으로 향한다」. 혹은 「여왕의 응접실Drawing room에 간다」라고 하는 말은 사교계에 데뷔한 아가씨Debutant에게 있어 특별한 의미를 가진 말이었다. 열일곱, 열여덟 살이 된 귀족 집안의 아가씨가 태어나서 처음으로 런던 사교 시즌에 참가할 때, 맨 먼저 여왕이나 왕, 왕세자 부부를 알현하게 된다면 이보다 더 훌륭한 데뷔는 없다고 할 수 있었다.

※ 빅토리아 여왕과의 첫 인사. 『더 그래픽』 1893년.

　과거에는 알현이 한정된 엘리트에게만 허락된 명예였지만, 시간이 흐르면서 허용 범위가 점차 넓어져 갔다. 1890년대에 발매된 에티켓 관련 책을 몇 권 대조해보면, 귀족과 지주 외에 성직자, 육군과 해군 장교, 내과의, 법정 변호사 등의 전통적인 전문직과 고명한 예술가, 금융업이나 제조업 등의 사업에 종사하는 가문의 부인이나 영애에게도 문이 열려 있었음을 알 수 있다. 단 소매업을 하는 가문은 제외되었다. 평판이 안 좋은 여성, 예를 들어 불륜으로 입에 오르내리는 여성도 빅토리아 여왕의 눈 밖에 난 사람으로 봤다.

　여왕 폐하·국왕 폐하의 앞에서 보이는 예법은 독특한 점이 있다. 군주의 앞에 나아가면 자세를 낮추고 깊게 허리를 숙이며 정식 인사Curtsy를 한다. 귀족 부인이나 영애는 폐하에게 이마와 뺨에

▩ (왼쪽)버킹엄 궁전의 「여왕의 응접실」로 향하는 마차 행렬. 구경꾼들이 에워싸고 있다. 마부, 하인도 정장을 갖춰 입고 가슴에 꽃을 장식했다. 「일러스트레이티드 런던 뉴스」 (1870)
▩ (오른쪽)랜스다운Lansdown 후작 가문의 의식용 마차와 마부, 하인의 제복. 박물관에 전시된 것.

키스를 받거나 또는 폐하의 손등에 키스를 한다. 왕이나 왕비에게 등을 보여서는 안 되고 뒷걸음질을 쳐서 퇴실한다. 몇 미터나 되는 드레스 자락이 엉키지 않게 조심하면서 이 과정들을 완수해내기란 매우 어려운 일이었다. 인생에서 가장 중요한 날에 실패하지 않도록, 때로는 댄스 교사를 불러 소녀들에게 춤 연습을 시켰다. 평판이 좋은 교사는 「응접실의 날」이 가까워지면 예약이 꽉 찼다고 한다.

버킹엄 궁전까지 그녀들을 데려다주기 위해 색깔이 화려한 의식용 마차가 등장했다. 제복을 입은 마부가 회색 돈점박이 말을 몰고, 정장을 입은 키가 큰 하인 두 명이 마차 뒤에는 섰다. 이 모습을 한 번 보고자 거리에는 많은 사람들이 몰렸다.

말. 화려하게 꾸며진 마차. 드레스. 그리고 마부와 하인. 이것들은 마차에 탄 레이디들의 신분을 주변에 과시하는 「도구」였다. 이

❦ (왼쪽)어린 영애에게는 어머니나 나이가 지긋한 친척 여성이 보호자로 따라다닌다. 무도회에서 좋은 짝을 찾아내기 위해서다. 조지 R. 심즈George R. Sims 편, 『런던 생활』(1902)에서.
❦ (오른쪽)어린 페이지 보이가 레이디들을 맞이하고 있다. 『펀치』 1872년 4월 20일.

렇게까지 심혈을 기울여서 준비를 한 이유는 「사교계에 데뷔를 하는 것」이 즉 「상류 계급의 결혼 시장에 뛰어드는 것」을 의미했기 때문이다. 누구보다도 좋은 신붓감이라는 것을 만천하에 어필하지 않으면 안 된다. 그녀들에게 있어서 남성 사용인은 살아 있는 장식품Ornament였던 것이다.

알현을 마치고 나면 어머니는 딸을 데리고서 온갖 사교 행사에 참석한다. 결혼 적령기의 남녀에게 어울리는 짝을 찾아주는 것이 런던 사교 시즌이 존재하는 이유 중 하나였다.

레이디는 런던 사교 시즌을 어떻게 보냈을까?

아침에 레이디들은 승마복으로 갈아입고 하이드 파크에서 승마를 즐긴다. 돌아와서 아침 식사를 한 뒤 사용인과 그 날의 메뉴를

❦ (왼쪽)이른 아침 하이드 파크Hyde Park, 「레이디스 마일Lady's Mile」이라 불리는 승마 전
　용 코스를 달리는 여성들. 귀스타브 도레의 판화. 「런던 순례」(1872)에서.
❦ (오른쪽)토마스 블링크스Thomas Blinks 작, 「아름다운 마술(馬術)」 여성이 한쪽으로 다리를
　가지런히 모은 채 여성용 안장 위에 앉아 있다. 「카셀 패밀리 매거진」(1896 ~ 1897).

상의한다.

　낮에는 친한 친구를 찾아가 점심을 함께 하거나 지붕이 없는 마
차에 파라솔을 펼치고서 주변에 모습을 과시하며 공원 드라이브
를 한다.

　오후에는 지인들의 집을 방문한다. 지침서에 따르면 3시부터 6
시경, 오후 시간대이지만 습관적으로 그것을 「모닝콜Morning call」이
라 불렀다.

　전속 하인인 「레이디스 풋맨Lady's Footman」을 대동하고 제복을 입
은 마부가 모는 자가용 마차로 외출하는 것이 레이디들에게는 이
상적인 모양새였다. 상대방의 집에 도착하면 자신은 마차에 탄 채
하인만 보낸다. 초인종을 누르거나 노크를 하여 상대 사용인을 불
러낸 다음 부인은 안에 계시냐고 묻게 하는 것이다.

하지만 예산과 사용인 편성이 여의치 않다면 당연히 절차는 달라진다. 하인이 없으면 마부에게 그 역할을 시키고, 대여한 마차라 그마저도 어렵다면 길을 가는 소년에게 초인종을 누르게 하기도 한다. 마차도 없이 걸어서 왔다면 레이디가 직접 갈 수밖에 없었다.

방문을 받는 쪽에서도 사용인 편성에 따라 대응이 달랐다. 역시 이상적인 절차는 하인이 문을 열고 집사가 안으로 안내하는 것이나, 남성 사용인을 고용할 수 없는 규모의 집에서는 그 대신에 접

(위쪽)제임스 티소, 「온실에서In the Conservatory(라이벌The Rivals)」 (1875 ~ 1878). 「오후의 티타임」은 여성들의 시간. 방문한 남성의 관심을 끌고 싶은 쌍둥이 자매.
(아래쪽) 격식을 갖춘 만찬회. 긴 테이블에 남녀가 번갈아 앉아 있다. 대화를 방해하지 않도록 집사와 하인이 뒤에서 조용히 시중을 든다. 『일러스트레이티드 런던 뉴스』 1870년경.

❧ (왼쪽)오후의 활동을 마치고 집으로 돌아가는 레이디들. 「런던 생활」(1902년)에서.
❧ (오른쪽)갓 들어온 팔러 메이드. 「지금 외출 중이라 전해드리라고 마님께서…」 방문자
「아, 그래? 그랬단 말이지? 그럼 나도 오지 않았다고 전하거라」「펀치」 1894년 4월 21일.

객·시중을 담당하는 하녀인 팔러 메이드를 두었다. 작은 중류층
집에는 그조차도 없어서 청소를 담당하는 하우스 메이드나 요리
사에게 그 역할이 돌아가는 경우도 있었다.

접객 당번인 사용인은 그날 어떻게 응답해야 하는지 사전에 지
시를 받았다. 안주인이 「오늘 나는 집에 없습니다」라고 말했다면
그녀가 진짜 외출을 하든 안에서 한가로이 있든 방문한 손님에게
는 「지금 안 계십니다」라고 딱 잘라 말한 뒤 돌려보내야 했다. 그
러면 방문한 레이디는 명함을 남겨두고 다음 집으로 향했다.

오후 네다섯 시경에는 가든파티나 오후의 티타임. 밤에는 연극
관람, 만찬회, 무도회. 특히 공식적으로 신체 접촉이 허용되는 무
도회는 젊은 남녀의 만남의 장으로써 최적이었다.

신사들의 런던 사교 시즌 동향은?

어머니들이 이처럼 사교 활동을 펼치는 동안 아버지들은 무엇을 하고 있었을까. 귀족이라면 의회에서 연설을 하고 있었을지도 모른다. 부인과 딸을 따라다니며 인사를 다니거나 연주회, 전람회를 보러 외출하는 날도 있었을지도 모른다. 여성들이 좌지우지하는 사교적 활동 전반에서 거리를 두고 싶으면 남성들은 여성의 출입을 금하는 「클럽」으로 향했다. 정치적으로 보수파인 신사는 「칼턴 클럽Carlton Club」, 혁신파라면 「개혁 클럽Reform Club」, 500마일 이상 여행한 경험이 있는 사람은 「여행자 클럽Travellers Club」에 입회할 수 있었다. 그 밖에도 군인 클럽, 법률가 클럽, 무대인 클럽, 문학가 클럽 등 다양한 종류가 있었다. 교육을 잘 받은 「클럽 소속 관리인」이나 웨이터의 시중을 받으면서 동격의 신사들과 대화를 나누며 한때를 보냈다.

꧁ (왼쪽)클럽 소속 웨이터. 개인 저택에서 일하는 하인과 비슷한 복장.
꧁ (오른쪽)말버러 클럽Marlborough Club의 흡연실.

《 (왼쪽)「옥스퍼드 앤드 케임브리지 클럽The Oxford and Cambridge Musical Club」입구.
제복을 입은 클럽 소속 사용인이 일을 하고 있다. 『런던 생활』(1920년)에서.
《 (오른쪽)팰맬Pall mall 거리에 있는 애서니엄 클럽Athenaeum Club. 문학을 좋아하는
신사가 가입했다. 『일러스트레이티드 런던 뉴스』 1893년.

그러면 귀족 집안의 자제들은 어땠을까. 누나나 여동생이 버킹
엄 궁전의 「응접실」에 갔듯이 세인트 제임스 궁전의 「접견회Levee」
에 참가했을 가능성이 높다. 남성이 군주를 알현하는 의식으로,
빅토리아 여왕 시대 후기에는 왕세자가 대리로 주최했다. 육·해
군 장교는 승진했을 때나 전장에서 돌아왔을 때, 법조계나 정계,
성직 등에서 지위를 얻었을 때, 귀족은 작위를 계승하거나 수여받
았을 때에 인사를 드리기 위해 알현을 청했는데, 여성들과는 달리
직장의 부서장이나 대장 등에 해당하는 사람을 소개인으로 세웠
다.

약 100년 전 영국에서는 남녀의 역할 분담이 매우 명확했다. 왕
궁에 가는 이유 하나만 봐도 그랬으며, 평소 행동 패턴도 달랐다.
여름이 시작되면 그 차이는 더욱 극명해진다.

⚜ 와이트섬Isle of Wight에 빅토리아 여왕의 여름 별장으로 지어진 오스본 하우스Osborne House. 가족이 조용히 쉴 수 있는 곳으로, 많은 시간을 이곳에서 보냈다.

여름부터 가을—새 사냥의 계절

7월 말부터 상류 계급의 사람들은 런던을 떠난다. 하지만 모두 본거지로 돌아간 것은 아니다. 8월 초에 영국 남부에 위치한 와이트 섬의 카우스라는 도시에서 요트 경기가 열리는 「카우스 위크Cowes week」가 있기 때문이었다. 훗날 에드워드 7세가 되는 빅토리아 여왕의 왕세자가 요트를 즐겨 탔으며 좋아했기에 그를 중심으로 사교계의 최첨단에 선 그룹은 와이트 섬에 체류하곤 했다.

8월 12일은 「영광스런 12일Glorious Twelfth」이라는 시적인 이명을 가지고 있는데. 이날 뇌조雷鳥 사냥이 해금되면서 런던 사교 시즌은 완전히 끝을 고하게 된다. 사람들은 사냥감을 찾아 스코틀랜드를 비롯한 북쪽 지역으로 이동을 한다. 사냥을 하기 좋은 지역에 본인 소유의 별장을 짓거나 지인이나 친척의 사냥용 별장Hunting lodge

을 빌리는 사람도 있었다. 여름부터 초가을까지 이어지는 이 사냥의 계절은 스코티시 시즌Scottish Season이라고도 불렸다.

스코틀랜드는 런던에서 멀다. 가령 포트윌리엄Fort William이라는 도시까지 이동한다고 한다면 800킬로미터나 되는 장거리 여행이 된다. 대이동에는 사용인들의 고생이 따랐다.

1895년 8월 초, 어느 부호의 제2 풋맨으로 고용된 찰스 쿠퍼[주2)]는 숨을 돌릴 틈도 없이 다시 짐을 꾸려 스코틀랜드 인버네스Inverness 인근에 위치한 별장으로 출발하게 되었다. 그는 마부와 함께 현지에서 사용할 말 네 필을 그 먼 곳까지 운반하는 역할을 맡았다. 먼저 영지에서 런던까지 철도로 이동한 뒤 그곳에서 증기선으로 갈아타고 현지로 향했다. 철도역에서 항구까지나 항구에서 별장까지 가는 길은 말을 타고 몰면서 이동했다. 말을 타는 내내 몸이 들썩거렸던 그는 승마에서 해방된 후에도 며칠 동안은 엉덩이 밑에 말 등이 있는 듯한 감각이 계속되었다고 한다.

어쩌면 이 신참 하인의 고생은 고전적인 예시일지도 모른다. 19세기 초에 등장한 철도로 인해 사람이나 물건의 이동은 눈에 띄게 수월해졌다. 과거에는 컨트리 하우스 파티에 참석하기 위해 먼 길을 나섰다면 몇 주 동안 체류하는 것이 일반적이었지만, 철도 덕분에 짧게 끝나는 하우스 파티가 점점 많아지게 되었다. 「주말 휴가

주2) 찰스 쿠퍼(Charles Cooper)
1877년 출생. 수많은 상류 가정에서 하인과 시종으로 지낸 아버지와 수석 주방 하녀인 어머니가 테크 공작 부인 메리의 저택에서 만나 태어났다고 하는 타고난 집사. 12세경부터 사용인으로 일하기 시작했으며, 부호의 집에서 오랫동안 집사 생활을 했다. 실명을 그대로 거론한 회고록 「도시와 지방(Town and County)」(1937)을 발표했다.

❦ (왼쪽)「접견회」에서 국왕인 에드워드 7세에게 인사를 올린다. 군복 차림으로 처음 알현을 하는 모습. 「런던 생활」(1902년)에서.
❦ (오른쪽)도착한 체류객을 사용인들이 몰려나와 맞이하고 있다. 「더 그래픽」 1888년.

Weekend」라 불리는 체류 일정은 사업과 무관한 상류 계급이 주말이라고는 하지만 금요일 또는 토요일에 도착해서 월요일에 출발하는 여유로운 일정이었다.

앞서 언급한 8월 12일부터는 붉은 뇌조의 계절이 시작되지만, 검은 뇌조는 8월 20일이 해금일이었다. 양쪽 모두 12월 10일까지 사냥하는 것이 허가되었다. 자고새는 9월 1일, 꿩은 10월 1일에 해금되어 2월 1일까지 사냥을 할 수 있었다. 산토끼를 잡으면 안 되는 시기는 특별히 정해지지 않았다. 그렇지만 1892년에 제정된 법률에서 3월부터 7월 사이에는 산토끼 판매를 금지하고 있었다. 사람들은 암묵적으로 산토끼 사냥의 계절을 2월 말까지로 생각했다.

엽총 사냥 파티의 신사들

　세월이 흐르면서 더욱 인기가 높아진 사냥은 이윽고 엄청난 수의 꿩과 자고새를 잡을 정도로 가열되었다. 에드워드 7세는 새 사냥을 즐기던 대표적인 인물이다.

　1905년 11월 7일부터 10일에 걸쳐 열린 사냥 파티에는 사흘 동안에 9명에서 10명의 사냥꾼이 참가하였다. 그 결과 꿩 4,135마리, 자고새 2,009마리, 산토끼 232마리, 굴토끼 576마리, 멧도요 14마리, 청둥오리 275마리, 비둘기 12마리, 기타 3마리, 총 7,256마리의 사냥감이 신사들의 엽총에 목숨을 잃었다고 한다. 현대의 감각으로는 상식을 벗어났다고밖에 할 수 없는 숫자다.

　이러한 성과는 사냥터 관리인Game keeper과 그 부하들이 고생한 결과였다. 평소 그들은 꿩과 자고새를 사육하고, 사냥터를 돌며 밀렵꾼을 내쫓았다. 근처에 사는 아이들도 숲 속을 돌아다니다가

워릭Warwick 백작 부부의 저택 「이스턴 로지Easton Lodge」에서 열린 사냥 파티. 1895년. 가운데 서 있는 왕세자와 워릭 백작 부인은 친밀한 관계였다.

※ **(위쪽)**헨리 온 템스Henly on Thames에 위치한 저택 「스토너 파크Stonor Park」에서의 엽총 사냥. 엽총으로 잡은 어마어마한 수의 사냥감을 세고 있다. 1911년.
※ **(가운데)**엽총 사냥 풍경. 외국인 백작 「만약 저 새들이 뒤로 날 수 있기만 한다면!」「펀치」1912년 1월 10일.
※ **(아래쪽)**5대 레스터 백작**(맨 앞)**이 마련한 사냥 파티 도중의 야외 런치. 1930년대.

발견한 꿩 둥지를 사냥터 관리인에게 알려주고 용돈을 벌었다고
한다.

총사냥은 원칙적으로 남성의 오락이다. 개중에는 산탄총을 들고
참가한 레이디도 없지는 않았지만, 향락적인 분위기가 만연하던 에
드워드 7세 시대에도 그런 여성은 별나다고 보았다. 신사들은 아침
식사를 마친 후 빠짐없이 사냥터로 향했다. 이때, 시종은 주인과 동
행하여 짐이나 옷을 살피거나 총알을 장전하는 일을 했다.

아내와 딸들은 집에 남아서 편지를 읽고 쓰거나 수다를 나누면
서 시간을 보냈다. 점심시간이 되면 그녀들은 밖으로 나와 남성과
합류한 뒤 호화로운 피크닉 런치를 먹었다. 시중을 드는 것은 하
인과 집사의 역할이었다.

오후에도 신사들은 만찬 시간이 될 때까지 야생 새와 토끼를 계

§ (왼쪽)「하워드 성」의 사냥터 총책임자와
신입. 알을 품은 까투리를 돌보고 있는
모습.
§ (오른쪽)북웨일스 지주의 저택「어딕
Erddig」의 사냥터 관리인과 지주의 아
들. 집주인의 아들도 동행하여 사냥에
대한 지식을 배웠다.

속 사냥했다. 그 동안 여성들은 무엇을 하고 있었을까?

신시아 애스퀴스Cynthia Asquith는 에드워드 7세 시대에 사교계에 데뷔하여 처음으로 엽총 사냥 파티를 경험했다.

> 「'좋은 아가씨'라면 한 발 물러서서 서포트하고 있는 '사냥꾼'
> 이 잡은 사냥감의 수를 마치 자신의 공인 양 자랑스럽게 여겨야
> 하는 법입니다. 하지만 저는 갈 때마다 딜레마에 빠졌습니다.
> 수많은 새들이 학살되는 것도 싫었지만, 그렇다고 성적이 좋지
> 않아서 사냥꾼의 심기가 불편해지는 것도 싫었습니다.」

표적을 놓친 사냥꾼에게 말을 걸어도 될까? 뭐라고 말을 걸면 좋을까. 「나는 대체 여기서 무엇을 하면 되는 것인가」를 몰라서 어린 그녀는 곤혹스러웠다고 한다. 신시아의 이야기 속에는 갓 발을 디뎌 경험이 부족한 젊은 여성이 여러 관습에 당황하는 모습이 잘 드러나 있다.

쿰 애비Coombe Abbey의 꿩 사냥.
1890년대. 요란한 총성을 견디면
서 「관심이 있는 척」을 해야 하는
여인들.

❖ (왼쪽)화려한 이브닝드레스(왼쪽)와 걷기 편한(?) 짧은 드레스(오른쪽). 프랑스 패션 잡지
『라 모드 일러스트레La Mode Illustrée』 1886년 1월 24일.

❖ (오른쪽)신시아 애스퀴스(1887~1960년). 사교계에 데뷔할 때의 모습. 괴기 소설가이자
뛰어난 문집 편집자. 남편은 총리 허버트 헨리 애스퀴스Herbert Henry Asquith의 차남.
아버지는 웜즈Wemyss 백작.

숙녀들의 일은 옷을 갈아입는 것

주말의 사냥 파티에서 새를 잡는 것은 남성의 오락이었다. 그렇
다면 그동안 기다리고 있던 여성들은 매우 한가했으리라 생각할
수 있지만 신시아 애스퀴스의 말에 따르면 그렇지도 않았던 모양
이다.

「특히 겨울 여행 때는 옷을 갈아입는 데 상당히 오랜 시간을
할애했습니다. 아침 식사 시간에는 교회에 가기 위해 가장 좋은

나들이옷Sunday best을 입고 내려갔습니다. 돈이 있는 사람은 벨벳으로 만든 옷을 입었고, 그렇지 않으면 면벨벳으로 만든 옷을 입었습니다. 교회에서 돌아오면 트위드 소재의 옷으로 갈아입습니다. 티타임 전에는 반드시 한 번 더 옷을 갈아입는데, 가지고 있다면 다회복Tea gown이라는 특별한 의상을 입었습니다. 조금 넉넉하지 못한 사람은 여름용 애프터눈드레스를 입었죠. 아무리 드레스를 살 돈이 넉넉지 않은 여성이라도 만찬에는 매번 다른 드레스를 준비하는 것이 필수라고 생각했습니다.

이렇게 해서 금요일부터 월요일까지 열리는 파티에 가기 위해 필요한 옷은 먼저 나들이옷이 한 벌. 트위드 소재로 된 재킷과 치마와 그에 어울리는 셔츠가 각각 두 벌. 이브닝드레스와 티타임에 입을 옷이 세 벌씩. 그리고 나들이 모자가 하나—이 모자에는 깃이나 꽃, 과일이나 밀 등이 잔뜩 장식되어 있었습니다—그리고 시골 분위기에 어울리는 모자 몇 개. 여기에 승마용 드레스와 중산모도 한 세트. 실내용과 야외용 구두, 부츠, 각반도 여러 켤레. 기타 페티코트나 스톨, 머플러, 만찬용 머리 장식 같은 소품도 종류별로 많이. 또 집 안에서 가지고 다닐 커다란 자수 도구 가방도 필요했습니다.」

이브닝드레스는 매우 손이 많이 가서 단장을 하는 데 시간이 걸렸다. 만찬 30분 전에는 정장을 재촉하는 종이 집 안 전체에 울려 퍼진다. 처음에 신시아는 혹시 식사 시간에 늦는 것은 아닐까 하는 걱정에 끊임없이 전전긍긍했다고 한다.

짐 꾸리기는 예술

레이디의 드레스는 시녀가 관리하지만, 신사의 의복은 시종이 담당한다. 무거운 상자는 풋맨이 날랐을지도 모른다. 식솔들의 이동에 동반되는 짐은 집사의 관리하에 운송이 진행되었다.

1925년, 찰스 딘은 앨리스 애스터Alice Astor와 그의 남편인 러시아 귀

다회복(왼쪽). 허리를 꽉 조이지 않고 넉넉하게 만든 오후용 실내 드레스. 가정 잡지 「카셀 패밀리 매거진Cassell's Family Magazine」(1891).

족 프린스 오볼렌스키Prince Obolensky를 모시며 집사 겸 시종으로 일했다. 앨리스는 미국 대부호의 딸로, 이 부부는 일 년 동안 세계 각지로 거처를 옮기면서 생활을 했다. 집사 겸 시종인 딘도 부부를 따라 「28번이나 대서양을 건넜다」고 한다.

「짐을 꾸리는 내 솜씨는 거의 예술의 경지에 이르렀습니다. 일 년 사계절 동안 입을 평상복과 스포츠 의상이 필요하다는 것은 다시 말해 어마어마한 양의 짐을 날라야 한다는 뜻입니다. 그 수는 99개나 되었고, 대부분 대형 트렁크였습니다. 그렇지만 모든 짐에 일련번호를 붙이고 카탈로그처럼 내용물을 적어 만

든 장대한 리스트를 가지고서 여행길에 올랐기 때문에 무엇이
됐든 빠른 시간 내에 꺼낼 수가 있었습니다. 그리고 저는 몇 개
로 나눈 열쇠 꾸러미를 가지고 다녔습니다. 잘그락잘그락 소리
를 내는 것이 마치 감옥의 간수 같았습니다. 어느 날 목적지에
도착하자 프린스께서는 무언가 돕고 싶으셨는지, "짐을 같이 나
르세. 세관에서 만나면 되겠지. 그런데 짐은 몇 개나 되는가?"하고
말씀하셨습니다. 저는 99개입니다. 주인님."하고 대답했습니다.」

　프린스는 「지금 한 말은 잊어주게」라며 바로 물러섰고, 결국은
호텔에서 합류하게 되었다.
　28번의 대서양 횡단이나 99개의 짐 등, 구체적인 숫자가 언급될
수록 수다를 좋아하는 전직 집사가 사실을 다소 부풀린 것은 아닐

「짐을 나르는 것은 짐꾼의 일입니다.」라며 딴청을 부리는 거만한 풋맨. 마치 분실이라도
했으면 좋겠다는 태도다. 「펀치」 1875년 3월 27일.

까 하는 의심도 조금
솟는다. 하지만 더 많
은 숫자를 언급하는 사
람도 있었다.

19세기 말에 태어나,
집사로서 경력을 차곡
차곡 쌓은 끝에 여왕의
시대에 엘리자베스 2
세의 저택 관리인이 된
어니스트 킹[주3)]은 자신

하녀 「애써 땋아 놓은 마님의 머리카락을 깜박하
고 화장대에 두고 왔네.」 풋맨 「도착하고 현지의
레이디에게 빌리면 되잖아.」 이 무렵에는 가발이
유행했다. 안주인의 짐을 이동하는 일은 보통 일
이 아니다. 「펀치」, 1870년 10월 15일.

이 모시고 있던 재산가 드 위치펠드De Wichfeld 부부의 짐에 대해서
「루이 비통에서 만든 트렁크가 170개 정도 됐는데 대부분이 성인
남성도 쏙 들어갈 법한 사이즈」였다고 회상했다. 100여 년 전 상류
층의 여행은 현대인의 감각으로 가늠할 수 없는 규모였던 것 같다.

가을부터 겨울―전통적인 「헌팅」

영국에서 「헌팅Hunting」과 「슈팅Shooting」은 각기 다른 행위를 가
리키는 단어다. 엽총으로 야생 새와 토끼를 잡는 것이 슈팅. 그리
고 여우나 사슴과 같이 대형 동물을 사냥감으로 삼는 것이 헌팅이

주3) 어니스트 킹Ernest King
1888년 혹은 1890년에 데번의 반스터블에서 태어났다. 윈저 공(에드워드 8세)과 부유한 기업가,
그리스 왕실, 그리고 엘리자베스 2세의 신혼 가정에서 저택 관리인으로 일했다. 회고록 「The Green
Baize Door」(1963)을 출간.

🖋 헤이우드 하디Heywood Hardy「사냥 모임The Meet」 독특한 붉은색 옷을 입고 말을 탄 사람들이 사냥개를 몰며 여우를 쫓는다.

이라 하지만, 그 중에서도 특히 단순히「헌트Hunt」또는「헌팅」이라고 하면 말을 타고서 사냥개를 몰며 여우를 쫓는「여우 사냥」을 가리키는 경우가 많다. 들판뿐만 아니라 목장, 밭, 농가의 앞마당 등도 거침없이 침범하는 매우 거친 스포츠다. 더욱이 여우 한 마리를 우르르 쫓아가서 마지막에는 개에게 죽이게 하는 행위가 잔인하다고 하여 옛날부터 여우 사냥은 논란의 중심이 되었는데, 영국에서는 2005년부터 정식으로 금지가 되었다.

빅토리아 시대나 에드워드 7세의 시대에는 여우 사냥을 규제하는 법률이 따로 없었다. 다만 앞서 말한 산토끼와 마찬가지로, 신사들은 암묵적으로 11월 1일부터 이듬해 4월까지를 헌팅의 계절로 생각하였다.

땅을 딛고 서서 총을 쏘는 사냥과는 달리 헌트의 참가자에게는 말을 자유자재로 모는 기술과 체력이 필요했다. 승마를 좋아하는 여성들도 여성용 안장Sidesaddle에 앉아 호방하게 여우를 쫓았다. 그러나 여성스럽지 못하다고 하여 반대하는 이도 역시 많았고, 특히 마지막에 사냥감인 여우가 개들에게 살해당하는 장면을 보는 것은 부적절하다는 의견이 지배적이었다. 역시 사냥은 남자의 세계였던 것이다.

지역의 「사냥개 관리자Master of Hounds」가 되는 것은 신사에게 명예로운 일이었다. 성대하고 격조 높은 사냥 대회를 주최하여 신사 숙녀 참가자는 물론 임시 고용한 하층민들에게까지 후하게 음식을 대접했다. 막대한 경비는 들지만 「영주님」의 위광을 주위에 과시할 수 있는 기회였다.

「핑크」의 관리

격조 높은 헌트라면 남성은 붉은색 코트에 하얀색 바지, 롱부츠가 한 세트인 독특한 의상을 입었다. 이 헌트용 복장은 상의가 붉은색이면서도 어째서인지 「핑크Pink」라는 통칭으로 불린다. 중요

 (왼쪽)야외에서 주인에게 와인을 따라주는 풋맨들. 어느 여우 사냥 모임에서, 1923년.
 (오른쪽)앞치마 차림으로 일하는 시종(오른쪽). 청소부터 사냥복 관리까지 담당하며, 주인의 고급스러운 의복을 손질하는 일도 한다. 1907년의 패션 일러스트레이션.

한 의복이기는 하나 적당히 길이 든 쪽을 선호했다. 1890년에 출간된 『상류 사회의 매너와 룰』에는 새로 참가한 사람의 경우, 아주 깨끗한 새 「핑크」를 입고 나타날 바에는 검은 옷을 입고 가는 편이 훨씬 낫다고 적혀 있다.

풋맨이나 시종의 입장에서 중요한 「핑크」의 관리를 맡는 것은 승진의 증거였다. 1915년에 태어난 조지 워싱턴은 헌트용 붉은 코트가 신사의 옷 중 가장 고가였기 때문에 관리에 더욱 신경을 썼다고 회상했다. 연수에 담가 빨면서 얼룩을 남김없이 지우고, 전용 약제로 다시 물을 들였다. 다음 날 아침에 무사히 「핑크」로 돌아갈지, 얼룩은 지지 않았는지 걱정이 되어 뜬눈으로 밤을 지새우다가 「때로는 침실에서 나와 상태를 보러 갔다」고 한다.

어니스트 킹에게는 흙투성이 「핑크」를 되살리는 비밀의 레시피가 있었다. 그것은 바로 하우스 메이드에게 부탁해서 요강의 내용물을 받은 뒤 사용하는 것이었다. 그렇게 하면 「기적처럼」 때가 빠졌다. 암모니아에는 표백 효과가 있으며, 확실히

§ 여우 사냥 날 아침. 사냥하러 나가는 사람은 승마복이나 사냥복으로 갈아입고 뷔페식으로 아침 식사를 하고 있다.

전통적으로 쓰이던 방법이기는 했다. 그렇지만 당연하게도 주인들은 이 비밀을 알 도리가 없었다.

크리스마스는 본 저택에서

전 세계를 떠도는 대부호나 친구 또는 애인의 컨트리 하우스를 전전하는 방탕한 귀족이라도 크리스마스는 본 저택에 돌아와 가족과 함께 보내는 것이 일반적이었다. 에드워드 7세는 노퍽Norfolk에 위치한 「샌드링엄 하우스Sandringham House」에서 크리스마스를 보냈다. 이곳은 「영국 왕실의 사설 관저」라고도 불리는 곳으로, 엘리자베스 2세도 이 저택에서 국민을 위한 크리스마스 연설을 방송하고 있다.

포틀랜드(Portland) 공작의 본거지인 대저택 「웰벡 애비(Welbeck Abbey)」에서는 매우 호화롭고 손이 많이 가는 방법으로 크리스마스를 축하했다. 프레더릭 고스트는 에드워드 7세 시절에 웰벡에서 풋맨으로 지냈던 시간을 아래와 같이 회상했다. 그는 그 당시 사귀고 있던 메이드가 바람을 피워서 쓰디 쓴 실연의 아픔을 겪고 있던 참이었다. 그러나 크리스마스 준비에 눈코 뜰 새 없이 바빠서 감상적인 기분 따위 순식간에 날아가고 말았다.

「크리스마스부터 새해까지 이삼십 명의 손님이 찾아왔다. 하우스 파티가 길게 이어지면 사용인이 할 일이 어마어마하게 늘

🏛 영국 왕실 소유의 「샌드링엄 하우스」 주인이 머물지 않는 시기에는 내부까지 일반인에게 공개되고 있다.

어난다. 저택은 호랑가시나무 잎사귀와 소나무 가지로 화려하게 장식되어 있었고, 큰 홀에는 온실에서 가져온 크리스마스에 어울리는 꽃들이 흐드러지게 피어 있었다. 크리스마스이브는 가족과 일부 절친한 지인들이 모이는 축제로, 그들은 서로 선물을 교환했다. 공작 부부는 우리 왕실 하인공작가에 채용되었으나 필요에 따라 왕실에서도 근무하는 사용인」들에게도 봉투를 하사하셨다. 봉랍Sealing wax에는 포틀랜드 공작의 문장이 찍혀 있었다. 열어본 순간 나는 내가 벼락부자가 된 줄 알았다. 무려 5파운드 지폐가 들어 있었기 때문이다.」

일을 갓 시작한 신입사용인 중에는 연봉을 5파운드 이하로 받는 사람도 많았다는 것을 생각하면 엄청난 금액이다. 그러나 공작가가 동격의 친구들에게 나눠준 선물은 더욱 호화로웠다.

조지 슬링스비[주4)]는 프레더릭 고스트와 거의 비슷한 시기에 웰벡

주4) 조지 슬링스비George Slingsby
1889년 노팅엄 출생. 지주 저택의 집사와 공작가의 풋맨으로 일한 후 캐나다인 부호의 시종이 되고, 루시타니아 호 침몰 사건에 휘말리게 된다. 파란만장한 그의 반평생을 장녀 니나 슬링스비 스미스Nina Slingsby Smith가 정리하여 전기 「George, Memoirs of a Gentleman's Gentleman」(1984) 와 「George : the Early Days」(1990)를 출간했다.

애비에 들어와 제3 풋맨으로 근무했다. 그에 말에 따르면 크리스마스 시즌의 하이라이트는 12월 31일에 열리는 만찬회였다고 한다.

「약 100명의 게스트가 참가하는 만찬회는 사람들의 예상을 훨씬 뛰어넘는 것이었다. 마르지 않는 샘물처럼 샴페인이 계속해서 채워졌다. 클라이맥스는 공작 부부가 주는 신년 깜짝 선물이었다. 커다란 상자가 등장했는데, 그 안에는 아마도 사상 최고가일 듯한 크리스마스 크래커Christmas cracker, 크리스마스 선물을 넣고 포장한 가늘고 긴 통. 양쪽 끈을 잡아당기면 안에서 선물이 터져 나온다-역자 주」가 들어 있었다.

크래커를 잡아당겨 열자 손님들은 깜짝 놀라 숨을 삼켰다. 안에서 고가의 장식품이 쏟아져 나왔기 때문이다. 작고 예쁜 황금 회중시계. 가닛 반지. 레이디들을 위한 황금 브로치와 진주. 그리고 신사들을 위한 다이아몬드가 박힌 넥타이핀과 금으로 만든 시가 커터. 공작 부부는 손님들이 쏟아져 나온 선물을 늘어놓고서 서로 교환하며

※ 저택 「웰벡 애비」 사람 만나기를 싫어했다고 하는 5대 포틀랜드 공작이 거대한 지하실을 만든 것으로 유명하다. 이곳에서 조지 슬링스비와 프레더릭 고스트가 하인으로 일했던 것은 6대 공작(1857 ~ 1943)의 시대.

원하는 선물을 갖기까지의 과정을 흐뭇하게 바라봤다. 선물은 전부 공작 부부가 몸소 고른 것이었다.」

만찬에 이어 웰벡 애비의 명물인 성대한 가장 무도회가 열렸다. 여기서 제3 풋맨이었던 조지는 대담하기 그지없는 행동을 하게 되지만, 그것은 또 다른 이야기다.

「영주 부부」의 의무

이렇게 일 년의 생활을 살펴보면 귀족은 놀기만 한 것처럼 보일 수도 있다. 어떤 의미에서는 맞는 말이다. 그들이 과거부터 지켜온 전통적인 생활은 악착같이 일해서 돈을 버는 행위와는 거리가 멀었다. 실상은 어땠는지 몰라도 거리가 멀어야 한다고 생각했던 것이다. 영주들은 광대한 영지를 농지나 목초지로, 또는 도시라면 상업지나 택지로 빌려줌으로써 막대한 불로소득을 얻으며 살고 있었다.

얻은 수입을 오로지 자신의 유흥을 위해 흥청망청 쓰는 방탕한 귀족도 많았다. 그러나 귀족이나 지주의 규범에서 사적인 쾌락만을 추구하는 것이 마냥 권장된 것은 아니었다. 「영주 부부」는 개인의 이익 아니라 공공의 이익이 되는 고귀한 일이라면 당당하게 나설 수 있었기 때문이다.

가문의 주인인 남성은 앞서 말한 국회의원 외에 주州의 장관이나 치안 판사 등 명예로운 책무를 겸임했으며, 임차인에게 빌려준 주택이 노후화됐다면 차례차례로 보수를 진행했다. 상류층 여성들은 병원이나 사설 구빈원 등을 후원하며 행사처럼 위문을 갔다. 그리고 파티를 열어 자선 단체를 후원하기 위한 기부금을 모았다.

콘월Cornwall에 위치한 저택 「랜히드록Lanhydrock」에서는 근처 고아원이나 런던의 구빈원에서 적극적으로 사용인을 채용했다. 지주인 로버츠Roberts는 리넨 류의 세탁물을 「타락한 여성들」, 다시 말해 매춘부를 갱생시키기 위한 자선 단체에 보내도록 지시했다고 한다. 또 가사 도구 일부는 형무소 수감인이 만든 것을 사용했다고 한다.

쿠퍼 후작 부인도 인근 소녀들을 위한 가사 학교를 설립하여 사용인이 되었을 때 도움이 되는 기술을 배우게 했다. 또 이 후작 가문에서는 지역의 소방대에도 출자했는데, 어떤 단체가 되었건, 회계 업무는 저택관리인인 존 제임스[주5]가 담당했다고 한다. 당시 부인들의 화려한 자선 활동 뒤에서 눈에 띄지 않는 여러 작업은 사용

주5) 존 제임스John James
1872년, 웨일즈의 펨브룩Pembroke에서 태어났다. 농장과 수습 정원사를 거쳐 1895년경부터는 후작이나 백작의 저택에 실내 사용인으로 채용되었고, 빅토리아 여왕의 장녀 루이즈 왕녀의 저택 관리인이 되었다. 제1차 세계대전에 중단된 것을 포함하여 켄싱턴Kensington 궁전에서 28년간 근무했다. 회고록으로 「The Memoirs of a House Steward」(1949)가 있다.

☙ 말버러 공작의 「블레넘Blenheim 궁전」에서 결성된 사설 소방대. 사용인과 대원을 겸임하였으며, 특별 임무 수당이 지급되었다. 고가의 최신식 소방차도 갖춰져 있었다.

인들이 주로 맡았다.

현대 사회에서 사회 보험이나 공공사업은 국가가 주도해서 실시하지만, 과거에는 땅을 소유한 극소수 엘리트 개개인의 역할이었다. 시대가 흐르고 그들의 영향력이 점차 약해지면서 주인과 사용인의 관계도 변해 갔다.

제2장 초반에 말했듯이 사용인의 일상은 주인의 수입, 집의 규모나 입지, 생활 스타일에 크게 좌우되었다. 주인이 그런 쾌적한 생활을 할 수 있게끔 뒤에서 받쳐주었던 것은 사용인이었다. 고용인과 피고용인은 서로 영향을 주고받으며 하나의 작은 우주를 만들었던 것이다. 다음 장에서는 피고용인인 집사들에게 다시 초점을 맞춰 사용인 인생에 첫걸음을 내딛는 순간부터 그 과정을 살펴보도록 하자.

⸭ (위쪽)에드워드 시대. 런던의 크리스마스 풍경. 대량으로 산 선물을 하인에게 들게 하고 집으로 향하는 레이디와 아이들. 『런던 생활』(1920년)에서.
⸭ (왼쪽)지역의 가난한 노부인을 위문한 자선가 레이디. 「우리 아이가 장학금을 탔어요.」 「내 그 마음을 알지요. 우리 집 돼지가 품평회에서 상을 받았을 때 내 기분이 그랬어 요.」『펀치』 1904년.
⸭ (오른쪽)지역 주민을 위한 아담한 집 도면을 놓고 중개업자와 상담하는 「자선가 레이 디」. 하지만 눈이 닿는 근방에는 짓게 하고 싶지 않다며 완강하게 고집을 부리고 있다. 『펀치』 1908년 5월 6일.

영국 귀족의 칭호와 호칭법

왕족부터 귀족의 자녀까지

귀족의 칭호는 공작·후작·백작·자작·남작, 이렇게 다섯 가지. 그에 준하는 신분으로는 준남작과 훈작사가 있고, 그 위로는 왕족이 있다. 이러한 고귀한 사람들을 19세기 말에는 어떻게 불렀는지 표로 정리해봤다.

19세기에 발행된 에티켓 관련 책. 「여왕 폐하를 알현할 때」, 「초대장을 쓰는 법」, 「방문 규칙」 등이 실려 있다.

이 호칭은 1879년에 발매된 에티켓 북 『상류 사회의 매너와 룰Manners and rules of good society』을 바탕으로 재구성한 것이다. 「어느 귀족 사회의 일원」이 썼다고 하는 선전에 지금까지 증쇄를 거듭하여 16쇄를 기록 중이다. 갓 안주인이 된 여성이나 사용인들은 귀족의 흔적을 강점으로 내세운 이와 같은 「참고서」를 붙들고서 복잡하기 짝이 없는 경칭 시스템을 머릿속에 욱여넣었다. 참고로 현재의 에티켓과는 다른 부분도 있으니 주의하기를 바란다.

복잡하기 짝이 없는 경칭

자신이 속한 계급에 따라 상대방을 부르는 호칭이 달라진다. 같은 상류 사회의 사람지주 계급, 즉 젠트리 계급 이상을 뜻함-편집자 주이라면 여왕 폐하를 「맴Ma'am」이라고 부를 수 있고, 공작 부인을 「더치스Duchess」라 불러도 된다. 사용인이라면 「유어 마제스티Your Majesty」, 「유어 그레이스Your Grace」, 「마이 로드My Lord」라고 공손하게 말해야만 한다. 틀리면 큰 낭패를 겪는다.

공작, 후작, 백작은 대부분 여러 작위를 동시에 가지고 있다. 그리고 작위의 이름은 지명 등에 유래하며, 가족의 성과는 별개인 경우가 많다.

가령 「런던 공작 필립 스미스」라는 사람이 「뉴욕 후작」이라는 작위도 가지고 있다고 하자. 필립의 아내는 「엘리자베스」, 아이들은 「찰스」, 「앤」, 「앤드류」, 「에드워드」. 장남인 찰스에게는 아내가 있다. 참고로 여기서 언급한 가명은 특정 인물과 관계가 없다.

장남은 아버지가 가진 여러 칭호 중 두 번째 것을 「명목상 작위Courtesy title」로 사용할 수 있다. 다시 말해 작위를 계승할 예정인 장남 찰스는 가문의 수장인 필립이 사망해서 작위를 물려줄 때까지 뉴욕 후작이라는 지위에 따라 대우를 받고 「로드 뉴욕(뉴욕 경)」이라고 불리게 된다. 아내는 레이디 뉴욕(뉴욕 경 부인)이다.

차남을 비롯한 다른 자식들은 성에 「로드Lord」를 붙여서 부른다. 앤드류와 에드워드는 「로드 앤드류 스미스(앤드류 스미스 경)」 「로드 에드워드 스미스(애드워드 스미스 경)」가 된다.

차남 앤드류와 삼남 에드워드가 아내를 맞이한다고 한다면 아내는 자신의 이름이 아니라 남편의 이름에 경칭을 붙여서 「레이디 앤드류 스미스」이라고 불리게 된다.

기사 서임식. 국왕이 무릎을 꿇은 대상자의 어깨에 검을 댄다. 이 의식이 끝난 후 서열에 따라서는 경Sir이라고 불리게 된다. 「런던 생활」(1902년)에서.

가문 수장 부인은 작위명에 경칭인 레이디를 붙여서 「레이디 런던(런던 공작)」이 된다. 딸은 이름에 레이디를 붙여서 「레이디 앤 스미스(앤 스미스 양)」이다. 자녀들과 친한 사이라면 레이디 앤, 로드 앤드류와 같이 성을 생략할 수 있다. 이처럼 장남과 차남, 가주의 부인과 딸과 며느리는 경칭을 붙이는 방법에 따라 구별된다.

또한 백작의 경우, 장남은 「명목상 작위」를 사용할 수 있고 로드라는 귀족다운 경칭으로 불리지만, 차남 이하는 평민과 마찬가지로 미스터Mister로 불린다. 백작의 딸은 장녀도 막내도 모두 레이디Lady로 불리는 것과 비교하면 남녀의 호칭에 차이가 있어서 복잡하다. 자작 이하의 아이들은 모다가 각기 미스터, 미스Miss로 불린다. 또한 정식 문서에서는 경칭 앞에 다른 존칭이 붙게 된다.

준남작과 훈작사도 가족 내 호칭이 달라서 어렵다. 남편은 「서Sir」에 이름과 성, 또는 이름만, 아내는 「레이디」에 성을 붙인다. 훈작사 작위를 받은 서 숀 코네리Sir Sean Connery을 서 숀이라 줄이는 것은 가능하지만 서 코네리라 부르는 것은 잘못된 호칭이다. 그리고 부인은 레이디 코네리가 된다.

이렇게 개요를 써보니, 100년 전의 안주인과 집사가 얼마나 머리가 아팠을지 뼈저리게 이해가 된다.

귀족의 경칭 일람

	같은 상류계급일 경우	아래 계급에서 부를 경우
여왕	Ma'am	Your Majesty
왕자	Sir	Your Royal Highness
왕녀, 왕자의 비	Ma'am	Your Royal Highness
공작	Duke	Your Grace
공작 부인	Duchess	Your Grace
후작 · 백작 · 자작 · 남작	Lord + 지명 또는 성	My Lord, Lordship
후작 · 백작 · 자작 · 남작 부인	Lady +지명 또는 성	My Lady 또는 Your Ladyship
준남작 · 훈작사	Sir + 이름 · 성	Sir + 이름
준남작 · 훈작사의 부인	Lady + 성	My Lady, Your Ladyship
공작 · 후작 · 백작의 장남	Lord of 지명 또는 성	My Lord, Your Lordship
공작 · 후작 · 백작 장남의 부인	Lady + 지명 또는 성	My Lady, Your Ladyship
공작 · 후작의 차남 이하	Lord + 이름 · 성	My Lord, 또는 Your Lordship
공작 · 후작 차남 이하의 부인	Lady + 남편의 이름 · 성	My Lady, 또는 Your Ladyship
공작 · 후작 · 백작의 딸	Lady + 이름 · 성	My Lady 또는 Your Ladyship
자작 이하의 딸	Miss + 이름 · 성	Miss
백작의 차남 이하 및 자작 이하의 아들	Mister + 이름 · 성	Sir

제3장
집사의 출세

소년의 여행

「집에서 보내는 마지막 주는 이별을 준비하는 데 소비됐다. 릴리 누나는 내 나들이옷을 수선해서 솔질을 하고, 하얀 셔츠 두 장과 내의도 깨끗하게 빨아주었다. 나는 부모님이 찍힌 틴 타입Tintype, 얇은 금속판에 감광제를 발라 정착시킨 초기 사진술의 일종. Ferrotype이 라고도 한다과 찬송가집. 금언집을 짐에 넣었다. 그러고 나서 친구 데이비 드리스콜에게 작별 인사를 하러 갔을 때 그가 준 말린 꽃도 챙겨 넣었다. (중략)

드디어 그날이 왔다. 1894년 8월 10일. 엄마는 나를 데리고 서 버켄헤드Birkenhead, 리버풀 건너편에 위치한 해안 도시의 페리 선착장 까지 철도마차Horsecar, 레일 위를 달리는 마차를 타고 갔다. 몸을 굽혀 나에게 키스를 해주고 속삭였다. "용기를 가지고 열 심히 해야 한다."

엄마가 나에게서 멀어져 가는 모습을 보며, 나는 난생처음으 로 정말로 혼자가 되었다는 것을 실감했다. 순간적으로 엄마에 게 달려가고 싶은 충동에 휩싸인다. 그렇지만 그렇게 하는 대신 에 찌그러진 양철 트렁크를 갑판에 싣고 뱃머리 쪽으로 달려갔 다. 그 순간, 벨이 울려 퍼지고 선착장 문이 닫혔다. 그리고 페리 는 천천히 물살을 헤치며 머지강River Mersey을 건너기 시작했다. 두려움과 망설임은 썰물이 빠지듯 사라져 갔다. 머지않아 건너 편 해안이 보이자 갑자기 흥분의 파도가 밀려왔다. 저곳에서, 이제 곧 도착할 저 곳에서 내 새로운 생활이 시작되는 것이다.」

❧ (위쪽)페이지 보이 시절의 에드윈
리. 랭커셔Lancashire 지역에 있는
의사의 집에서 열세 살 때부터 일
년 동안 일했을 당시의 복장.
❧ (오른쪽)러퍼드 애비Rufford Abbey
에서 수습 정원사로 일하던 열다
섯 살의 조지 슬링스비.

프레더릭 고스트가 사용인이 되기 위해 여행을 떠난 것은 고작
열두 살 때였다. 마을 목사의 소개로 신학교의 입주「페이지 보이
Page boy」로 채용된 것이다. 지급된 제복을 입고 심부름을 들거나
잡일을 한다. 그가 훗날 일하게 될 공작 저택이나 왕궁에 비하면
얌전한 시작이었다.

귀족이나 지주는 자신의 저택에서 일할 일꾼으로 너무 어린 소
년을 선호하지 않는 경향이 있었다. 사용인의 길을 목표로 하는
남자아이들은 초등학교를 다니면서, 또는 졸업을 하고 나서 근처
농가나 상점 등을 돕기 시작했다. 그렇게 일 년에서 일 년 반 정도

일을 하고 일에 익숙해지면 다음 단계로 넘어갔다. 목사나 학교 교장 등, 그 지역의 유력자에게 중개를 부탁하거나 신문 광고를 보거나 사용인 소개소를 이용하는 등의 방법으로 작은 직장에서 「신사 가문의 사용인」으로의 이직을 노렸던 것이다.

한편, 사냥터 관리인이나 정원사의 아들은 어릴 때부터 부모를 도우면서 일을 익히고, 그 경험을 바탕으로 처음부터 대저택의 수습 사용인으로 일하는 경우도 많았다. 마부나 말구종을 비롯한 실외 사용인은 전문 기술을 완벽히 가르치기 위해 가능한 한 어릴 때 채용하는 것을 선호했기 때문이다.

여행길에 나선 소년들의 심정은 어떠했을까. 앞서 인용한 프레더릭 고스트의 회상을 보면 불안함과 망설임은 있지만, 그것을 뛰어넘는 기대감과 설렘도 느껴진다. 각종 자료를 살펴보니 여자아이의 경우에는 메이드가 되기 위해 집을 떠나는 것에 대해 「당

🦮 **(왼쪽)**소령 「어깨에 걸쳐달라고 말하지 않았느냐.」 하지만 소년의 키로는 역시 무리였다. 1892년 1월 23일.
🦮 **(오른쪽)**「홀컴 홀Holkham Hall」의 사용인과 사냥터 관리인들. 1865년경.

장이라도 돌아가고 싶었다」, 「가족의 생계를 책임져야 하기 때문에 어쩔 수 없이」, 「부모님의 결정에 따라서」라고 불안한 마음을 진술하게 토로하는 증언이 많다. 그렇지만 노동자 계급의 남자아이에게 일을 하기 위해 집을 떠나는 것은 자신의 두 다

여주인 「우리 집에서 일하는 사람에게는 배불리 먹게 해주지만 남기는 것은 용서하지 않는단다.」 급사 「걱정하지 마세요, 마님. 음식을 남길 바에는 배가 터질 때까지 먹겠습니다.」 한창 먹을 나이인 소년 사용인. 「펀치」 1868년 2월 22일.

리로 서는 것, 특히 어머니의 보호 아래에서 독립을 한다는 의미가 아니었을까. 이별의 순간은 이루 말할 수 없이 괴로웠을지도 모르지만 몇 십 년이 지나고 나서 뒤돌아봤을 때 그것은 성공을 향한 결의를 보이는 「의식」처럼 기억될 것이었다.

사용인의 경력은 「보이」부터

실내에서 일하는 남성 가사 사용인들은 「보이Boy」직부터 경력을 쌓았는데, 이 「보이」직은 종류가 다양했다. 먼저 「홀 보이Hall Boy」. 여기서 「홀」은 사용인이 식사를 하거나 휴게실로 사용하던 「사용인 홀」이라는 설과 허드렛일을 하느라 뛰어다니던 「복도」라는 설, 이렇게 두 가지 설이 있다. 그들은 온갖 실내 부서의 잔심부름

🍃 **(왼쪽)**롱리트 하우스. 16세기에 건축된 역사가 깊은 대저택으로, 현재는 사파리 공원이 있는 가족 단위의 관광 시설로 이용되고 있다.
🍃 **(가운데)**롱리트의 도서실. 1899년경의 사진.
🍃 **(오른쪽)**롱리트의 응접실. 장식적인 천장과 벨벳 벽지 등 호화로운 내부 장식.

을 도맡아 하고, 석탄 운반 등 힘쓰는 일을 했으며, 사용인들이 식사를 할 때는 시중을 담당했다. 그 밖에 나이프 보이Knife Boy, 부트 보이Boot Boy, 램프 보이Lamp Boy 등 주로 맡은 일에 따라 불렀다. 나이프 손질, 구두닦이, 램프 손질은 사용인들 중에서도 가장 말단이 맡는 궂은일이었다.

제1차 세계대전이 발발하고 그 이듬해인 1915년경. 고든 그리메트는 대형 사용인 소개소「미시즈 헌트Mrs Hunts」를 통해 윌트셔Wiltshire에 위치한 바스 후작의 대저택「롱리트 하우스Longleat House」에서 램프 보이 자리를 얻었다. 그는 자신이 하게 될 램프 보이의 업무에 대해서 아무것도 몰랐기 때문에 가족이나 동네 사람들에

게 묻고 다녔다. 하지만 그 누구에게도 제대로 된 대답은 듣지 못
했다. 집의 규모가 크면 클수록 사용인의 수는 늘어나고, 업무 내
용은 세분화되어 갔기에, 대저택에 램프를 전담하는 사람이 있을
것이라는 것을 서민의 몸으로는 상상도 못 했던 것이다. 「가보면
바로 알 수 있을 거야」라고 어머니는 말했다. 고든은 중고로 산 갈
색 양철 트렁크를 들고서 기차를 타고 여행길에 올랐다. 불안감이
가슴을 무겁게 짓눌렀다. 그렇지만 「이건 모험이야. 그리고 언제
든 나에게는 언제든 돌아갈 수 있는 집이 있어」라고 밝게 생각하
며 임했다.

　롱리트 하우스에서는 「도저히 한 사람이 처리할 수 없을 정도
로」 무수히 많은 램프가 사용되고 있었다. 주인인 바스 후작은 가
스도 전기도 좋아하지 않아서 램프와 양초를 조명으로 계속 사용

하고 있었던 것이다. 고든은 매일같이 램프를 회수하고, 청소하고, 전용 가위로 심지를 가지런히 자르고 등유를 보충해야 했다. 「잡부」와 「관리인실 소속 보이」가 도와주었지만, 그래도 예정보다 늦어지면 관리인이 하인도 보내줬다.

「집사의 시종이 되다」

자, 여기서 또 다른 보이가 등장했다. 「관리인실 소속 보이」도 역시 말단 소년 사용인이었다. 1930년대에 이 일을 경험한 조지 워싱턴에 의하면 주된 업무는 「관리인실 관리와 집사의 시종 역할을 하는 것」이었다고 한다. 짤막한 설명 속에 관리인, 집사, 시종이라는 세 가지 직책이 섞여 있으니 참으로 복잡하다.

관리인과 집사를 구분하기란 쉽지 않다. 한 회고록에서는 동일인물을 관리인이라고도 불렀다가 집사라고 부르기도 했는데, 관리인실은 존재하나 실제로 그곳을 사용하던 사람은 집사였기 때문이다.

관리인실, 홀, 램프 등 갖가지 것을 담당하던 「보이」들. 그들을 아직 손님이나 가족 앞에 나서는 것을 허락받지 못한 처지였다. 그 대

※ 심부름을 보냈더니 함흥차사인 급사를 나무라는 레이디. 「그 댁 집사랑 같이 「펀치」를 보느라 그랬어요.」 「펀치」 1863년 1월 24일.

신 다른 사용인들의 시중을 들고 명령받은 잡일을 열심히 처리하며, 「집사의 시종」으로 일하면서 위로 올라갈 수 있는 기회가 오기를 기다렸다.

19세기 말에 태어난 어니스트 킹은 홀 보이 시절 자신의 「주인님」은 집사였다고 회상하고 있다.

> 「"Yes, sir. No, sir. Three bags full, sir."(전래동요Nursery rhyme
> 인 「Baa, baa, black sheep」의 가사 패러디)라고 말하면서 시중
> 을 들었다. 나는 사용인의 사용인이 된 것을 통해 아마도 사용
> 인이 할 일을 처음으로 배운 것이 아닐까 생각한다.」

대저택에 들어간 보이들은 이처럼 낮은 지위부터 경력을 쌓기 시작했다.

＃ 작은 별장에 잡일을 하러 간 보이. 「카셀 패밀리 매거진」 1883년.

§ 시골 출신으로 무지한 「부츠 보이」가 하우스 메이드에게 모르는 말을 물어보지만, 그녀 역시 잘 모른다. 「펀치」 1898년 5월 28일.

§ (왼쪽)「너 말이야, 아빠가 옷 좀 줬다고 네가 풋맨이라도 된 것 같겠지만, 넌 그냥 페이지 보이일 뿐이야! 단추가 달린 제복을 입으라고!」 복장의 차이와 연령대, 그리고 고용주가 어떻게 부르고 싶은가에 따라 하인과 급사로 구분된다. 「펀치」 1865년 3월 25일.
§ (오른쪽)친구의 부탁으로 가정부 일을 하는 중류층 레이디. 페이지 보이와 함께 설거지 하는 데 여념이 없다. 「카셀 패밀리 매거진」 1895년.

찬반양론의 「페이지 보이」

허드렛일을 하는 보이들은 온종일 「눈에 띄지 않는 집안일」에 쫓기고 있기 때문에 형식적인 제복은 필요 없고, 평상복을 입고 일을 했다. 하지만 그중에는 잡일을 하면서도 독특한 「제복」을 입고 심부름을 하거나 손님의 응대, 고용주의 식사 시중을 드는 보이도 있었다. 바로 「페이지 보이」다.

1880년에 발간된 『사용인 실용 가이드』에는 이 페이지 보이에 관해 냉철하게 쓴 의견이 있다. 간혹 성인 남성을 사용인으로 고용할 예산이 없다고 페이지 보이 한 명만 고용하는 집이 있는데, 거의 아무런 도움도 안 된다. 「남자아이가 전혀 감당할 수 없는 나이」에 페이지 보이로 고용이 됐기 때문에 일하는 집에 아이가 있다면 일은 내팽개치고 놀아버린다. 무거운 쟁반을 옮길 수 있는 체격도 아니거니와 기술도 없다. 메이드보다 참을성이 없다. 차라리 조용하고 유능한 팔러메이드를 고용하는 편이 훨씬 나을 것이다. 페이지 보이를 효과적으로 부릴 수 있는 방법은 남성 사용인이 여러 명 있는 대규모 저택에서 임시 도우미로 고용하는 것뿐이라고 책에서는 그렇게 말하고 있다.

이 내용에서 계급의식을 엿볼 수 있다. 대귀족의 저택처럼 남성 사용인을 고용하고 싶지만 예산이 없어서 고용할 수 없는 중류층 가정이 근방의 소년에게 제복을 주고 으스대는 것은 부끄러운 일이다. 가이드를 쓴 저자는 아마도 그러한 「중류층의 허영」을 비판하고 싶었을 것이다.

중류층 가정의 페이지 보이는 잡지 『펀치』의 풍자화에도 자주 등장했다. 단추가 세 줄로 달린 단정한 제복을 입고는 있지만, 알맹이는 천방지축에 분위기 파악도 못하고 소동을 일으키는 개구쟁이 소년들이다. 어릿광대와도 같은 역이다.

끊임없이 만화의 소재가 될 정도였으니, 지침서나 풍자 잡지에서 아무리 야유를 해도 역시 그 나름대로 수요는 있었던 모양이다. 개인 저택이

전형적인 페이지 보이의 제복(왼쪽). 오른쪽은 타이거Tiger라고 불린 소년 사용인. 마부와 같은 제복을 입고 마차에 동승한다. J. 쿠츠, 『재봉사의 재단실을 위한 실용 가이드』 1848년.

아니라 호텔이나 클럽에서 일하는 페이지 보이도 있었다. 거리에서 제복을 말쑥하게 차려입은 그들을 보고 사용인이 되는 것도 괜찮겠다고 생각하기 시작한 남자아이도 분명 있었을 것이다. 대부분의 여자아이가 메이드 제복이나 모자를 몹시 초라하다고 생각한 것과는 대조적인 반응이다.

「제복」은 출세의 증거

그런데 여기서 말하는 남성 사용인의 「제복Livery」이란 어떤 것일까. 일할 때 입는 옷이기는 하지만 장식이 많아서 오히려 기능성이 떨어진다. 하지만 이 옷은 단순한 작업복이 아니었다. 중세 귀족들은 가문의 문장을 차고 무장한 가신들을 거느리고 있었는데, 근대의 풋맨이나 페이지 보이는 이 가신들의 후예라 할 수 있었다.

제복은 색깔이 화려한 것이 많았다. 마부, 말구종, 문지기, 풋맨, 페이지 보이 등 남의 눈이 닿는 직책의 사용인이 주로 제복을 착용했다. 그리고 남성 사용인의 제복과 업무복은 주인이 비용을 부담하여 1년에 몇 벌씩 지급되었다.

여성 사용인이 입는 것은 중세부터 이어진 전통과는 관계가 없는 「제복Uniform」이었다. 원칙적으로 일을 시작할 때 직접 준비해서 가지고 와야만 했다. 즉 주인들은 메이드에게 실용적인 제복을 자비로 사게 하는 한편, 남성에게는 고가의 장식적인 제복을 「지급」해줬던 것이다. 제복에 대한 대우를 보면

재킷에 작은 금속 단추가 한 줄 내지는 세 줄로 장식된 것이 페이지 보이 제복의 특징. 「펀치」 1892년 12월 24일.

남녀에게 요구된 역할의 차이를 알 수 있다.

그럼 여기서 프레더릭 고스트를 다시 등장시켜보자. 그는 신학교의 페이지 보이가 됐을 때, 옷장 안에 처음으로 지급받은 제복을 발견하고 가슴이 뛰었다.

「테두리를 하얀색으로 장식한 진홍색 재킷은 밝은 빨간색 깃이 달려 있었으며, 단정하게 단추가 채워진 채 진청색 긴 바지 위에 걸려 있었다. 반짝반짝 빛나는 상의 단추는 전부 여덟 개. 나는 이 옷을 지금 당장 입어보고 싶다는 마음을 억누를 수가 없었다.」

❀ (왼쪽)「'RSVP'는 무엇의 약자야?」「그야 당연히 럼프Rump, 스테이크Steak와 송아지 고기 Veal 파이Pie 아니겠어?」(실제로는 「회답을 바람Répondez s'il vous plaît」이라는 프랑스어의 첫 글자)「펀치」 1892년 7월 2일.

❀ (오른쪽)페이지 보이의 상스러운 말투를 교정하려고 하는 팔러메이드. 하지만 그러는 본인도 사투리가 심한 억양이라… 「펀치」 1884년 3월 29일.

하지만 바지를 다리에 꿴 순간, 집사 미스터 테일러가 오더니 이렇게 말했다.

「지급된 제복은 몸에 맞는 모양이군. 적어두 하체는 말이야.
전에 일한 페이지 보이는 옷은 몸에 딱 맞았으나 일이 본인에게
맞지 않았지.」

즉 이 신학교의 페이지 보이 제복은 전임자가 입던 헌 옷이었던 것이다. 프레더릭 고스트가 자신만의 새 제복을 손에 넣은 것은 이곳에서 2년 이상 일하고 나서 다음 직장에 「풋맨」으로 이직한 후의 일이다. 은식기 손질과 테이블 세팅을 하느라 눈코 뜰 새 없이

✦ (왼쪽)말구종의 평상복(왼쪽)과 예복(오른쪽). J. 쿠츠J. Coots, 『재봉사의 재단실을 위한 실
용 가이드』1848년.
✦ (오른쪽)말구종 약식 예복(왼쪽). 오른쪽은 오버코트 차림의 마부. 견장이나 단추와 같은
장식이 많다. 1848년.

바빴던 처음 일주일을 보내고 손가락에 쥐가 날 것 같았지만, 그래도 「내 제복이 마침내 도착했을 때에는 마치 하늘을 날 것만 같았다.」고 그는 회상했다. 이 「가든 파크Garden Park」 저택의 풋맨 제복은 다음과 같았다.

「모직으로 만들어진 어두운 자주색 예복으로, 같은 색깔의 조끼에는 은단추가 달려 있었다. 난생 처음 옷깃 끝이 둥근 하얀 드레스셔츠를 입고서 거기에 피케Pique, 면직물의 일종 원단으로 만든 하얀 넥타이를 맸다. 페이지 보이 제복을 처음 봤을 때 느꼈던 흥분은 아직도 생생히 기억하지만, 이번에 받은 이 옷은 더 좋은 옷인 데다가 몸에 딱 맞았다.」

  (왼쪽)최고로 격식을 갖춘 풋맨의 실외용 예복(왼쪽). 깃을 장식한 삼각 모자, 견장, 하얀 스타킹, 장식용 지팡이. 오른쪽은 오버코트.
  (오른쪽)풋맨의 실내용 제복(왼쪽)과 예복(오른쪽). 왼쪽은 짙은 색깔 상의에 가로 줄무늬 조끼. 오른쪽은 전용 머리 분으로 머리를 하얗게 만들었다. 1848년.

❦ (왼쪽)「블레넘 궁전」의 문지기. 기상 상태와 집 안에 특별한 일이 있는지 없는지에 따라
네 종류의 기를 저택 위에 게양하는 임무도 맡았다.
❦ (가운데)리치필드Litchfield 백작의 본거지이자 스태퍼드셔Staffordshire에 위치한 슈그버
러Shugborough 저택의 풋맨. 실내용 제복 차림. 1920년대.
❦ (오른쪽)「블레넘 궁전」가장 격식을 갖춘 마부의 예복. 1900년경. 사진은 흑백이지만 실
제로는 붉은색에 금색 라인이 들어가 있어서 굉장히 화려했다.

여기서 언급한 풋맨의 제복은 어두운 자주색이지만, 가문에 따
라 각각 전통적인 색깔이 있었다. 붉은색이나 보라색뿐만 아니라
파랑색이나 초록색을 입히는 집도 있었다. 고든 그리메트는 램프
보이로 일 년 정도 일한 뒤 같은 저택에서 제3 풋맨으로 승격되었
다. 후작가의 제복을 지급받게 됐는데 그 색깔은 이러했다.

「상의는 겨자색이었습니다. 안에는 은색 몰Mole, 금사, 은사
등을 섞어서 꼰 끈로 장식된 검은색 조끼를 입었습니다. 하의는
브리치스. 두툼한 실크 스타킹에는 복사뼈 부근에 복잡한 모양
의 자수가 놓여 있었습니다.」

§ 루이스 캐럴Lewis Carrol 『이상한 나라의 앨리스』에 삽입된 존 테니얼John Tenniel의 삽화. 생선 머리를 한 풋맨은 모자를 쓰고 외출용 예복을 갖춰 입었으며, 맞이하러 나온 개구리 머리 풋맨은 가발을 쓰고 있으며 실내용 제복 차림이다.

이 「롱리트 하우스」의 제복은 18세기의 디자인이었다. 다른 집에서도 19세기부터 20세기 초 풋맨의 예복은 대개 18세기 신사의 복장을 계승한 것이었다. 반바지와 가발, 견장 등은 그 흔적이다. 19세기 빅토리아 시대의 신사들이 가발을 쓰지 않게 된 이후에도 풋맨들은 한동안 계속 착용하고 다녔다. 그런 풋맨의 머리에서 가발이 벗겨졌을 때, 머리에 가루를 묻혀서 하얗게 만들라는 지시를 받는 경우가 있었다. 전용 「머리 분Violet Powder」을 사용하는 집도 있지만 밀가루로 해결하는 경우도 많았다.

그렇다면 약식 복장은 어땠을까. 신사들이 입는 연미복 꼬리 부분을 조금 짧게 만든 「코티Coatee」라는 상의에 가로줄 무늬 조끼와 긴바지를 입는 것이 약식 복장이었다. 즉 남성의 바지는 짧은 쪽이 역사적으로 예를 갖춘 복장이라 여겨졌다.

풋맨의 단계에 오르다

허드렛일을 하던 보이에서 풋맨이 되어 제복을 받았다는 것은 서열이 엄격한 사용인의 사회에서 한 단계 진급했다는 것을 의미했다. 홀 보이들은 안 보이는 곳에서 묵묵히 일을 하면서 기회를 기다렸다가, 윗자리에 결원이 생기거나 선배가 휴가를 갔을 때 재빨리 그 일을 대신함으로써 조금씩 위로 올라갔다. 주인의 눈에 들어 같은 직장에서 파격적인 승진을 이룬 예도 아주 없지는 않았다.

하지만 한 직장에서 계속 일을 하다 보면 언젠가는 출셋길이 막힐 때가 온다. 예를 들어 승진을 할 수 있는 것은 풋맨 등이 속한 하급 그룹의 정상까지이며, 집사를 비롯한 상급 사용인 자리에는 외부에서 경험이 있는 사람을 불러들여 앉히는 집이 많았다. 예전에 동료였던 사람들이 상사와 부하의 관계가 되면, 명령 체계가 무너진다고 생각했기 때문이다. 승진의 장벽이 세워진 경계는 집집마다 달랐다.

어니스트 킹이 제2 풋맨이 되고 처음으로 제복을 입은 것은 열여덟 살 때였다. 그의 말에 따르면 남성 사용인이 출세하려면 이직이 필수라고 했다.

> 「남자 사용인이 직업에 대해 잘 이해하려면 업무에서 다른 업무로, 직장에서 다른 직장으로 계속 옮기면서 경험을 쌓고 지식을 꾸준히 익혀 나가야 한다. 그렇지만 각 직장에서 적어도 2년은 머물면서 귀중한 통행증을 손에 넣을 필요가 있다. 통행증이란 바로 소개장이다. 홀 보이와 마찬가지로 허드렛일 담당인 하우스 보이나 풋맨 수준의 동료는 널리고 널렸기 때문에 2년 동안 근무한 경력을 증명하지 않으면 아무도 고용해주지 않았다.」

남성 사용인이 한 명만 있는 집보다 집사와 풋맨, 보이가 있는 집이 더 나았다. 작은 타운 하우스보다는 컨트리 하우스 쪽이, 신흥 부자보다는 귀족 쪽이 격식이 높다. 야심에 찬 하급 남성 사용인들은 조금이라도 더 괜찮은 직장으로 옮겼고, 그때마다 자신의 몸값을 끌어 올리면서 출세를 해나갔다.

실외에서 실내로의 전향

그저 일직선으로 올라가는 것뿐만 아니라 자신이 가고 싶은 길을 도중에 깨닫고 진로를 대폭 변경한 사람도 있었다. 조지 슬링스비도 그중 한 사람이다. 그는 학교에 다니면서 정원사인 아버지를 돕기 시작했다. 그리고 열네 살에 졸업을 한 뒤 사빌Saville 남작의 저택「러퍼드 애비Rufford Abbey」의 수습 정원사「가든 보이Garden Boy」가 되었다.

정원사들은 보통 집 밖에서 일을 했지만 왕을 맞이하고 모실 때에는 집 안에 들어가 꽃꽂이를 담당했다. 조지도 수석 정원사를 따라 저택 안으로 들어갔다. 광이 반짝반짝 나는 바닥에 흠집이 나지 않도록 암사슴 가죽으로 만든 모카신을 신고, 두꺼운 나사 천으로 만든 주머니가 깊고 커다란 에이프런을 둘렀다.

거대한 홀을 목격한 조지는 할 말을 잃었다. 커다란 크리스털 샹

⁂ 여주인「우리 집 사용인은 모두 만족하는 줄 알았어.」 하인「네, 불만은 없습니다. 다만 저처럼 외모가 괜찮은 젊은이는 마차 뒤에 하인 두 명을 세우는 집에서 일하는 것이 맞지 않느냐고 친구가 말하는지라.」이렇게까지 노골적으로 말하지는 않았다 해도 모두 출세를 위해 직장을 옮겼다.「펀치」1863년 6월 6일.

들리에가 벽에 걸린 아름다운 태피스트리에 오색찬란한 빛을 흩뿌리고 있었다. 나이가 많은 정원사가 씩 웃으며 조지를 툭툭 쳤다.

「꼬맹아, 그만 입 다물고 빨리빨리 걸어라. 아직 너는 아무것
도 못 본 것과 마찬가지야.」

그의 말은 사실이었다. 조지는 「집 현관 쪽」에 위치한 호화로운 방을 잇달아 목격했다. 대계단, 긴 회랑, 무도실. 정원사들은 온실의 꽃과 양치식물을 활용하여 장식을 하기 시작했다. 소년은 작업을 도우면서 주위의 모습을 계속 둘러봤다.

어느 정도 일을 마치고 사용인 홀에서 식사를 하던 중에 조지는

다른 부서 사람에게 왕을 대접할 때 사용하는 문장이 들어간 순금 디너 세트에 대해 듣게 된다. 어떻게든 꼭 보고 싶었던 그는 친한 사이가 된 귀여운 팔러메이드의 도움을 받아 다음 날 밤 저택 안으로 숨어들었고, 준비를 마친 연회장을 몰래 훔쳐보았다.

조지 슬링스비의 부모. 그의 아버지는 「밥워스 홀Babworth Hall」이라는 지주의 저택에서 정원사로 일했다.

네 개의 샹들리에. 광이 번쩍번쩍 나는 긴 테이블. 진홍색 벨벳을 씌우고 금박을 입힌 의자. 크리스털 글라스로 만든 핑거볼에는 장미 봉오리가 담겨 있었다. 촛불 빛에 은으로 만든 포크와 나이프가 반짝였다. 주름 하나 없이 연꽃 모양으로 접어놓은 냅킨. 그리고 대망의 순금 디너 세트가 찬란하게 빛나고 있었다.

이 순간 조지 슬링스비는 실내 사용인이 되기로 결심한다. 홀 보이로 보직을 옮기고, 실내 사용인의 정점이 되는 것을 목표로 삼았다.

러퍼드 애비는 편하고 대우도 나쁘지 않았지만 1905년, 열일곱 살을 눈앞에 둔 그는 직장을 옮기기로 결심한다. 「스무 살 때까지 위층 방으로 올라갈 수 있는 직책을 맡지 못한다면 평생 말단 인생」이라는 이야기를 들었기 때문이다.

매혹적인 종아리와 큰 키

풋맨의 위치까지 올라간 청년들은 더 높이 올라가기 위해 이직을 반복했다. 전형 기준으로 특히 중요하게 본 것은 외모와 키였다. 1861년에 출판된『비튼 부인의 가정서Mrs Beeton's Book of House-hold Management』에는 이렇게 쓰여 있다.

「사소하다고 생각되는 것이 커다란 차이로 이어지는 법입니다. 예를 들어 상류 레이디가 하인을 고를 때 키와 몸매, 종아리 모양만 보고 결정한다면 고용주에게 전혀 애착이 없는 인재밖에 찾지 못해도 이상할 게 없습니다. 이런 사람은 마차 뒤에 선 자신의 모습이나 얼마나 늦게까지 기다려야 하는지, 얼마나 많은 급료를 제시해줄지, 음식을 마음껏 먹을 수 있는지와 같이

◈ 화려하게 꾸며진 식탁. 집사와 한 세트인 풋맨. 교수「이 집에서는 런던에서 제일가는 프랑스인 주방장을 고용했다지요? 그렇다면 이야기는 나중에 나누고 식사에 전념하도록 하죠.」미녀보다 미식美食.「펀치」1876년 5월 6일.

부수적으로 얻을 수 있는 이득밖에 생각하지 않습니다.」

　당시 매우 인기가 높았던 가사 지침서에까지 언급된 사실로 보아, 그런 사람도 어느 정도 있었던 것으로 짐작된다. 무릎까지 오는 바지와 실크 스타킹에 감싸인 쭉 뻗은 종아리는 18세기 남성에게 중요한 어필 요소였다. 그 매력이 100년 후의 하인들에게 이어진 것으로 보인다.

　하지만 남성 사용인의 경력에 종아리보다 훨씬 더 많은 영향을 끼친 것은 뭐니 뭐니 해도 키다.

　찰스 부스Charles Booth의 말에 따르면 19세기 말, 풋맨의 키와 임금에는 상관관계가 있었다고 한다. 제1 풋맨의 경우, 키가 5피트 6인치(167.6cm)라면 연봉 30파운드 이하. 5피트 10인치(177.8cm)부터

《 뒤에서 따라오는 짐마차의 당나귀가 하인의 종아리에 채워 넣은 지푸라기를 뜯어 먹는데…… 『펀치』 1864년 9월 17일.

6피트(182.9cm)라면 32파운드에서 40파운드 사이. 키가 클수록 좋은 직장을 선택할 수 있었다는 것이다.

키와 체형이 비슷한 남성을 두 명 뽑아서 「매칭 풋맨(matching foot-man)」으로 일하게 하는 집도 있었다. 두 사람에게 같은 동작을 시키거나 마차 뒤, 또는 현관에 나란히 세우는 등 의례적인 용도로 쓰였다.

당사자들이 증언한 내용도 상당수 남아 있다. 예를 들어 1890년대, 열일곱 살인 찰스 쿠퍼는 어느 한 집에서 풋맨으로 일을 하고 있었다. 그런데 무거운 짐을 나를 힘이 없고 몸도 너무 약해 보이니 다른 직장을 알아보는 것은 어떻겠냐는 권유를 받는다. 넌지시

❧ 미남으로 구성된 「펫워스 하우스Pet-worth House」의 풋맨. 감색 상의와 플러시 소재로 만든 검정색 반바지, 문장이 새겨진 은단추. 1904~5년경의 사진.

돌려서 해고를 통보받은 것이다. 그러나 다음 일자리를 찾는 데에 고생은 하지 않았다. 이 무렵 그는 키가 이미 6피트 2인치(188cm)나 되었기 때문이다.

반대로 키가 모자라서 안타까웠던 예도 물론 있다. 에릭 혼[주1]은 5피트 9인치(175.3cm)에서 성장이 멈추는 바람에 「왕실 집사가 되겠다」는 야망을 포기했다. 왕궁의 사용인이 되려면 키가 월등히 커야 했다. 어니스트 킹에 의하면 제1차 세계대전 전의 기준이라면 5피트 10인치에서 6피트가 아닐 경우 왕궁에서 채용되는 것은 무리였다고 한다.

1920년대 중반, 해변 휴양지에서 유복한 목사 집의 주방 하녀가 된 마가렛 파월Margaret Powell은 현관에서 나온 집사를 흘끗 봤을 때의 감상을 이렇게 전하고 있다.

🏵 실크해트에도 지지 않을 정도로 키가 큰 집사가 현관 앞에서 사람을 맞이한다. 「펀치」 1894년 2월 17일.

🏵 어린 페이지 보이와 키가 크고 거만한 풋맨. 만화라고는 하지만 키 차이가 엄청나다. 「펀치」 1892년 1월 9일.

주1) 에릭 혼Eric Horne
19세기 중반, 사우샘프턴Southampton 부근 마을의 가난한 집안에서 태어났다. 남작, 백작, 후작, 러시아 왕실과 인도의 왕자까지, 여러 가문과 인물을 모셨다. 저서로는 익명의 등장인물을 내세운 회고록 『What the Butler Winked at』(1923), 『More Winks』(1933)가 있다.

「여기 집사는 굉장히 키가 작았다. 지금까지 키가 크고 당당한 사람만 집사가 되는 줄 알았는데.」

이처럼 숱한 라이벌을 키라는 무기로 물리치고 살아남은 풋맨은 최종적으로 시종이나 집사의 자리까지 오르게 된다.

시종이나 집사냐, 그것이 문제로다

지급받은 제복을 입는 것이 출세의 증거인 시기를 지나 계속해서 앞으로 나아가면, 이번에는 그 옷을 벗을 시기가 다가온다. 시종, 집사, 저택 관리인.「상급 사용인」에 해당하는 그들은 제복을 지급받지 않고 그때그때 어울리는 사복을 입었다.

시종은 주인 한 명에게 붙어서 철저하게 그의 시중만을 든다. 집사는 그 집 전체의 관리 감독을 한다. 각각에게 요구되는 자질이 달랐다. 한 명에게 집중할 것인가, 부하를 장악할 것인가. 어느 쪽이 생활의 질을 높여주고 자신에게 맞는지 잘 생각하고 고민해야 했다.

풋맨의 주된 업무는 식사 시중이나 손님 응대, 은식기 손질 등이다. 하지만 가끔씩 자신의 시종을 데리고 오지 않은 체류객을 위해 추가적으로 시중 업무를 맡는 경우도 있었다.

또한 제1 풋맨을「레이디스 풋맨Lady's Footman」이나「트래블링 풋맨Traveling Footman」으로 부르며 부인의 외출이나 여행 시중에 전념

※ 면접을 보는 후작. 「향이 강한 시가는 괜찮은가? 전에 있던 시종은 내 시가 냄새 때문에 그만뒀거든.」 주인은 가운 차림. 시종은 모닝수트에 중산모를 손에 들고 있다. 「펀치」 1886년 3월 20일.

하게 하는 집도 있었다. 이와 같은 위치에서 일정 기간 동안 시종 대역이나 여행 지휘를 경험했다면 전임 시종이 될 준비가 다 됐다고 할 수 있었다.

주인의 입장에서 보면 시종이란 자신의 사생활을 모두 맡기는 상대다. 신뢰가 뒷받침되어야 하기 때문인지 이 자리까지 오르게 되면 입소문을 통해 이직하는 경우가 많아졌다. 자신의 집에서 일하는 풋맨 중 마음에 드는 풋맨을 승격시키는 사람도 있었으며, 친척이나 친구의 소개를 받는 사람도 있었다.

조지 슬링스비는 열여덟 살 때 지주의 집 집사 자리를 제안받고 고민 끝에 수락했다. 열여덟 살의 나이에 집사가 되기에는 지나치게 젊었다. 약 100년 전 영국에서는 집사 자리에 응모하려면 적어도 30세는 넘어야 한다고 생각하는 것이 일반적이었다.

※ 후작 부인의 외출. 마부가 문을 열고 기다리고 있으며, 키가 비슷한 풋맨 두 명이 애완견과 모자 가게에 가지고 갈 원단 상자를 들고서 부인의 뒤에 서 있다. 조지 R. 심즈 편 『런던 생활』(1902년)에서.

어쨌든 친딸이 쓴 전기의 내용을 믿는다면 조지 슬링스비는 젊을 적부터 매우 유능했고, 약간의 실패는 있었지만 순조롭게 집사의 업무를 익혀 나갔다. 그렇지만 일 년 반 정도 지나고 나니 이 직업은 성격에 맞지 않는다는 생각이 들기 시작했다. 풋맨일 때와 같은 화려함이 부족했다. 엄격한 아버지처럼 사용인과는 거리를 두고 대하면서 고독하게 있어야 했다. 사용인으로서 정점에 섰지만 「지루한 나날에 사로잡히고 말았다」고 느낀 그는 굳이 지위를 낮춰서 포틀랜드 공작 가문의 풋맨 자리에 지원했다. 그리고 그곳에서 시종의 길로 들어서게 된다.

부하를 통제하기 위해 엄격한 가면을 쓰는 집사와 주인의 마음을 편안하게 하기 위해 붙임성도 요구되는 시종. 집에 뿌리를 내린 나무처럼 붙어 있는 집사와 주인을 따라 여기저기 돌아다니는 시종. 양쪽 일을 겸임하는 경우도 많았고 헷갈리기 쉽지만, 이 두 가지 직책은 원래 매우 성격이 다르다고 할 수 있다.

전설적인 집사의 경력

최상급 지위에 오르기까지의 과정을 알아보기 위해 에드윈 리의 경력 일부를 참고해 보자.

1912년, 그는 스물네 살의 나이에 제1 풋맨으로 애스터 자작 가문에 들어왔다. 처음에는 변덕스럽고 기가 센 안주인에게 휘둘려서 지치고 힘들었지만, 어떻게든 안주인을 받아들이려고 노력했다. 「능력을 최대한 발휘하여 일을 하고, 그 일 자체를 통해 나 자신을 변호한다. 그러나 그 일에 트집을 잡는다면, 상대가 애스터 자작 부인이건 누구건 간에 반론을 펼친다」라는 것이 그의 지론이었다. 고난의 길이기는 했지만, 시간이 흐르면서 이 방법은 효과를 발휘했다.

몇 개월 뒤. 환경에도 적응하고 하루하루 생활이 즐거워지기 시작할 무렵, 「그룸 오브 체임버Groom of Chamber, 손님의 안내와 객실 접대 등을 담당하는 사용인」의 자리가 비면서 그는 그쪽으로 들어가게 되었다. 그룸 오브 체임버는 주로 응접실이나 객실의 미관을 담당하는 직책으로, 풋맨의 상급직 같은 것이다.

애스터 자작에게는 시종이 있었는데, 이 사내는 놀기 좋아하는 올빼미족인지라 아침에 주인을 깨우러 가지 못했다. 당연하게도 얼마 가지 않아 이 시종은 해고당하고 말았다. 애스터 자작이 해외여행을 떠나는 날이 이틀 뒤였기 때문에 에드윈 리는 시종 대리로 뽑히게 되었다.

이때 당시 그는 아직 경험이 부족하고 「살면서 한 번도 남의 수

염을 깎아본 적이 없는」 상태였다. 출발까지 남은 시간은 고작 48
시간.

「너, 너, 그리고 너.」하고 고른 풋맨과 홀 보이를 상대로 연습을
한 끝에 간신히 「스위니 토드Sweeney Todd, 손님의 목을 자른다는 살인마 이발사
로 오인을 당하지는 않을 수준」까지 준비를 마칠 수가 있었다.

한동안 시종과 그룸 오브 체임버의 업무를 같이 맡아 하다가 머
지않아 제1차 세계대전이 발발하면서 군대에 지원한다. 그리고
1919년에 제대하자마자 종군 전부터 주인과 한 약속을 지키기 위
해 이번에는 전임 시종으로 애스터 자작 가문에 돌아가게 되었다.
그 이듬해 그는 집사로 승격되고, 애스터가 일족을 계속 섬기면서
최종적으로는 「클리브덴 저택의 리 경Lord Lee of Cliveden」이라는 칭
송까지 받게 되었다.

그 유능함과 긴 근무 기간이 일반적인 집사의 유형에서는 벗어
났을지도 모른다. 그러나 그의 이야기에서는 위쪽 자리에 공백이
생겼을 때 최선을 다
해 대역을 수행하고
기술이 부족하면 맹
연습을 한다는 단순
한 노력을 엿볼 수 있
다. 가족에게도 사용
인에게도 존경받는
전설적인 집사의 위

🖢 구레나룻이 볼까지 자란 중년 남성. 키가 크지만
배가 나와 옆으로도 넓다는 것이 집사의 이미지.
「펀치」 1906년 달력.

치에 그를 올려놓은 근원에는 그런 성실한 나날들이 있었기 때문일지도 모른다.

뜻하지 않은 강등과 세태의 변화

어느 날 에릭 혼은 후작가의 성에 집사로 채용되었다. 주인은 런던이나 다른 컨트리 하우스에 머무는 것을 선호했기 때문에 대부분의 시기에는 성에 없었다. 그리고 후작이 있는 기간 동안에는 다른 사람이 와서 집사 역할을 수행하였다. 이 임시 집사는 30년 넘게 후작을 모신 뒤 은퇴하고 연금을 받으며 그 지역 마을에 살고 있었다. 노집사가 있는 동안 에릭 혼은 그룸 오브 체임버로 강등되었다. 보결 취급을 당하는 그의 심경은 복잡했다.

「당시에는 지금보다 젊었기 때문에 그룸 오브 체임버로 강등된다는 것은 끔찍한 일이었다. 고령의 심복이 집사로 와서 지휘를 하는 모습을 보면서 나도 잘할 수 있는데, 하고 생각했다. 주인에게 나는 이러한 상황에서 제2 바이올린(보조 역할)이 되는 것을 원하지 않는다는 뜻을 전했다.

"제2바이올린이라."라며 그는 말했다.

"악단에 참가할 수 있는 것만으로도 자네에게는 크나큰 행운이라 생각해야지."

확실히 나쁜 직장은 아니었지만 사용인들 사이에서는 예부터 이어진 전통적인 관습도, '단결 정신'도 빠르게 소멸해 갔다. 지

급받은 제복을 입는다거나 이처럼 격이 높은 가문을 모신다는
자부심은 옛날에나 있었지, 더는 존재하지 않았다.」

후작의 마음은 「영주님」 천하였던 그 좋았던 시절에서 그대로
멈춰 있었다. 그렇지만 이것은 제1차 세계대전이 곧 일어나려고
할 무렵의 이야기였다.

에릭이 관찰한 바에 의하면 전쟁터에서 돌아온 남자들은 일에
대해 아무것도 모르거니와 의욕도 없었고, 타인에게 봉사하는 것
을 미덕으로 생각하지 않는 심성으로 변해버렸다고 한다.

역사와 전통과 격식을 상징하는 존재로 여겨지던 집사들의 인생
도 변화하는 시대의 흐름에 영향을 받지 않을 수 없었던 것이다.

❦ 클리브덴의 남성 사용인들. 집사와 풋맨들 사이에 섞여서 가운데에 서 있는 사람이 그
룸 오브 체임버로 추정된다.

집사와 시종의 복장

🐾 사복을 입는 사용인

풋맨이나 페이지 보이에게는 한눈에 알아볼 수 있는 특징적인 제복이 있다. 그러나 집사와 시종은 「사복을 입는 사용인」이었다. 그들은 그때그때마다 신사들과 비슷한 옷을 입었다. 「집사용 옷」을 팔기는 했어도 전용 「제복」은 존재하지 않았다.

신사와 비슷한 옷이라면 어딘가 다르게 해서 구별을 지을 필요가 있다. 신사들이 입는 옷보다 조금 더 저렴한 소재를 사용하고, 고풍스럽게 재단하여 제작하는 것이 기본적인 대응책이었다. 어느 지침서에서는 「장식이 전혀 없는 이브닝드레스를 최대한 검소하게, 그러면서도 몸에 딱 맞게 맞춰서 입는다」라고 추천하기도 했다. 집사와 신사가 그려진 동시대의 풍자만화를 비교해 보면, 집사복이 조금 더 유행에 뒤쳐져 있다는 것을 확인할 수 있다.

공식적인 자리에서 신사가 하얀 넥타이를 매면 검은 넥타이를 매거나 상의와 다른 조합으로 바지를 입는 등 일부러 신사의 드레스코드와 다르게 입는 것도 한 가지 방법이었다.

1890년대 후반, 어린 나이에 시종이 된 프레더릭 고스트는 상사인 집사와 처음 만난 아침의 인상을 이렇게 회상했다.

「7시 30분, 서둘러 작업실에 들어서자 그때까지 만난 사람 중에 가장 우아한 남성이 눈앞에 서 있었다. 미스터 링. 나중에 들은 이야기에 따르면 그는 한때 왕세자 전하의 집사였던 적도 있다고 한다. 하지만 이 당시의 나에게는 마치 왕세자 전하 그 자체로 보였다! 그는 세로 줄무늬가 들어간 긴 바지에 새틴 소재의 펄 그레이 색깔 조끼, 연미복 상의를 입었으며, 검정색 에나멜가죽 구두를 신고 있었다. 회색 실크 넥타이를 끊임없이 만지며 꼼꼼하게 매무새를 가다듬고는 거울에 비친 자신의 모습을 계속 확인했다.」

1930년대에 대저택에서 일한 메이드의 증언에서도 집사는 수수하면서도 검은색으로 휘감은 모습을 하고 있었다는 인상은 변함이 없다.

⁕ **(왼쪽)**전통적인 신사의 멋. 프록코트. 1908년. 백화점 「해러즈Harrods」의 카탈로그.
⁕ **(왼쪽 두번째)**만찬이나 무도회에서 입는 가장 격식을 갖춘 정장. 이브닝드레스 코트. 1908년..
⁕ **(오른쪽 두번째)**꼬리 부분이 없는 야간용 정장 「디너 재킷」 미국식 영어로는 턱시도. 1908년.
⁕ **(오른쪽)**모닝코트. 오전에 입는 정장. 1908년.

　「집사는 보통 오전 중에는 부드러운 흰색 셔츠, 검정색 타이, 검정색 조끼와 재킷에 세로 줄무늬가 있는 바지를 입었으며, 끈을 묶는 검은색 구두와 양말을 신었습니다. 그리고 밤에는 풀을 먹인 빳빳한 흰색 셔츠에 나비넥타이, 흰색 조끼와 바깥쪽 가장자리에 장식선이 있는 검정색 바지를 입고 연미복 상의를 걸쳤으며, 에나멜가죽 구두나 또는 펌프스를 신었습니다.」

　아마도 오전 중에는 모닝수트, 밤에는 이브닝수트로 갈아입은 것으로 보인다.

🎕 (왼쪽)신사1「이보게, 나이프와 포크가 필요한데 주겠나?」
　신사2「그거 미안하군. 나도 필요한데?」
　신사복은 집사복과 별로 차이가 없다. 착각하면 낭패.「펀치」1891년 2월 21일.
🎕 (오른쪽)하인(왼쪽)의 실내용 제복과 집사복 견본. 양복 업계 잡지「재봉 아트 저널The Sartorial
　Art Journal」1900년 여름호.

🎕 멋 내기의 전문가였던 시종

　「시종은 그의 주인과 마찬가지로 멋스럽게 입어야 한다. 머리에는 기름을 듬뿍 바르고 평상시에는 반지를 낀다. 본인을 멋스럽게 꾸밀수록 시종으로서 평가는 높아진다. 왜냐하면 주인의 옷과 부츠를 완벽하게 준비하는 것을 넘어서서 자신의 것 역시 관리하고 있다는 의미이기 때문이다.」

　시종은 옷장을 전담하며 주인의 멋을 책임졌다. 옷에 대한 구체적인 설명이 부족해서 자세히 알 수는 없지만「멋스럽게」라는 말이 반복해서 등장하는 것으로 보아, 그 시대의 유행을 적당히 좇는 것이 시종에게 요구되는 소양이었음을 알 수 있다. 그러나 시종 자신은 어디까지나 사용인이었기 때문에 함께 여행에 나서도 도를 넘지 않을 정도로 고풍스러워야 했다. 다시 말해 균형을 맞추는 것이 중요했다.

제4장
집사의 일과

THE
SERVANTS' MAGAZINE.

No. 13. NEW SERIES.]　　1 JANUARY, 1868.　　[PRICE ONE PENNY.

❀ 집사가 작업실에서 은식기를 손질하고 있는 모습. 가톨릭 신앙을 바탕으로 사용인을 계몽하는 잡지 『사용인 매거진The Servant's Magazine』 1868년 1월 1일 호.

집사의 시간표

위의 표는 1893년 랭커셔 Lancashire에 위치한 저택 「레이튼 홀Leighton Hall」에서 주인이 집사에게 건네준 쪽지다. 이 저택의 소유주인 길로우Gillow 가문은 18세기에 가구 제조업으로 부를 추적한 산업 자본가였다. 하지만 19세기 초, 당주는 사업에서 은퇴하고 저택을 고딕 양식으로 다시 고친 뒤 지주로서의 생활을 시작했다.

산업 혁명 덕분에 부를 쌓은 상층 중류 계급 사람들은 어느

🪶 햄프셔Hampshire에 위치한 「보싱턴 하우스Bossington House」에서 풋맨으로 일할 당시의 피터 휘틀리. 20대 중반.

정도 성공을 이루면 돈과 사업의 세계에서 물러나 상류 계급다운 생활을 하고자 하는 경향이 있었다. 그러기 위해서는 아름다운 저택과 영지를 보유하는 것은 물론 경험이 풍부하고 유능한 집사를 고용하는 것도 중요했다.

표에 기재되지 않은 부분을 보충해보자. 아마도 아침 기상 시간은 6시. 아침 식사와 점심 식사 사이, 점심 식사와 저녁 식사 사이에는 장부를 기입하거나 은식기 관리 상태를 살피거나 방문객을 대접했을 것이다. 그리고 저녁에 「응접실 차 대접」을 한 이후부터 문단속을 하기 전까지는 약간의 자유 시간이 있었을지도 모른다. 참고로 「미사」 시간이 있는 것은 길로우 가문이 가톨릭 집안이었기 때문. 교파에 따른 용어법 차이를 반영한 것이다.

시간표는 그 집 주인이 원하는 이상적인 생활을 구체화한 것이다. 어느 정도까지 실현했는지는 알 수 없다. 또한 아무리 시간 약속이 철저하게 지켜지고 있었다 해도 다른 집에서도 똑같은 패턴이었다고는 할 수 없다.

《 젊은 독신 신사의 우아한 아침 식사. 시종이 자주 침실을 들여다보며 모습을 살피고 조용히 돌아간다. 조지 R. 심즈 편, 『런던 생활』(1902년)에서.

늦게 자는 안주인, 일찍 일어나는 주인

1925년, 찰스 딘은 대부호의 딸 앨리스 애스터와 그 남편의 집에서 집사 겸 시종직을 맡고 있었다. 이 안주인은 겨우 스물두 살의 나이에 「난봉꾼들The Faster Set」라고 불리는 모임에 속해 있었다.

「처음에는 사사건건 트집을 잡는 까다로운 여성이라고 생각했습니다. 밤늦게까지 잠에 들지 않았고, 아침에는 11시까지 일어나지 않았습니다. 그래서 모든 집 안 일은 나중으로 미뤄졌습니다. 소리를 내서는 안 됐기 때문에 청소도 할 수 없었습니다. 정오가 되기 전까지는 마음대로 돌아다닐 수 없었기에 가정부에게는 곤욕스러운 일이었습니다. 저는 밤늦게까지 깨어 있는 생활에 익숙해지기까지 꽤 오랜 시간이 걸렸습니다.」

머지않아 악몽을 꾸게 되었고, 실수를 거듭하면서 직장을 관두기 직전까지 이르렀다. 하지만 그의 상태가 이상하다는 것을 알아챈 안주인은 「내가 모시기 어려운 사람이라는 것

⚜ 안주인 「스미더스, 이제부터 아침 식사를 15분 더 일찍 했으면 좋겠어.」
집사 「그럼 휴식 시간을 더 주셨으면 합니다.」
안주인 「응? 그게 무슨 말이지?」
집사 「이 저택에서는 사용인보다 부인의 편의가 더 우선시되고 있는 것 같아서요…」
만화다운 가치관의 전도. 「펀치」 1913년 4월 23일.

은 잘 알고 있어, 딘. 나는 신경 쓰지 않아도 된단다.」라고 말해주었다. 그때부터 딘은 그녀가 무슨 말을 해도 개의치 않고 적응했다고 한다.

앨리스 애스터와는 정반대로 아침형인 고용주도 있었다. 피터 휘틀리가 1960년부터 집사로 일하면서 모셨던 보이드Boyd 경은 유명한 정치가이면서 맥주로 잘 알려진 기네스사의 이사이기도 했다. 피터는 이 보이드 경을 「지금까지 모신 고용주 중에서 가장 바쁜 남성」이었다고 평가했다.

아침 7시 15분에 주인의 방을 들어가보면, 그는 이미 서류 더미에 파묻힌 채 침대에서 일을 하고 있었다. 잠시도 쉬지 않았고, 매일같이 면담 예약자 명단을 딘에게 넘겨줬다. 언제 누구와 만나는지, 어떤 옷을 입어야 하는지 파악해둬야 했기 때문이다.

호스트 「레이디 ○○도, ○○판사도 근처에 있다고 하는군요. 알았다면 초대했을 것을.」 손님들의 속마음 (그러면 우리 중 누군가가 못 오잖아!) 원형 테이블은 인원수가 정해진 반면, 친밀한 분위기를 연출할 수 있었다. 『펀치』 1886년 12월 11일.

❦ 헤어우드 백작의 본거지 「헤어우드 하우스Harewood House」 호화로운 상층 방과 잘 보존되어 있는 사용인 구역을 일반인들에게 공개하고 있다. 20세기에는 조지 6세의 동생 메리 왕녀를 부인으로 맞으면서 왕실과 인연을 맺었다.

아침형이건 야행성이건, 100년 전 가사 사용인의 근무 시간은 현재와 비교하면 대체로 길었다. 하지만 집사나 관리인과 같이 최상급 사용인은 그나마 다른 사용인보다는 조금 더 늦잠을 잘 수 있었다. 말단인 보이가 집사의 방까지 깨우러 왔기 때문이다. 집사를 깨우러 가기 전까지 소년들은 화덕에 불을 피우고 아침 일찍 해야 하는 일을 다 끝마쳐야 했다.

집사의 본분, 대저택의 와인 저장실

앞서 제1장에서 살펴봤듯, 집사의 기원은 중세 귀족 저택의 와인이나 맥주 관리자였다. 19세기, 20세기로 들어서면서 인사·회계와 같은 관리인의 중책까지 맡게 되었지만, 주류와 집사의 인연은 계속되었다. 집사는 어떤 와인이 얼마만큼 소비되었는지를 셀러북Cellar book에 자세하게 기록하고 부족한 것을 확인하였으며, 정

기적으로 주인에게 검사를 받았다.

　귀족이나 대지주의 주류 저장실에는 놀랄 정도로 많은 양의 주류가 저장되어 있었다.

　예를 들어 19세기 초, 영국 북부 리즈Leeds 지방에 위치한 백작 저택 「헤어우드 하우스」에는 포트 와인Port Wine, 발효 중에 브랜디를 첨가하여 단 맛을 유지하면서 알코올 농도를 높인 포르투갈산 와인-역자 주과 셰리 와인Sherry Wine, 포트 와인과 마찬가지로 주정 강화를 한 스페인산 화이트와인-역자 주이 각각 2,000개 이상, 마데이라Madeira, 주정 강화 와인의 일종. 식전주로 애용된다-편집자 주, 칼카벨라Calcavella, 단 맛이 나는포르투갈산 와인의 일종라고 불리는 와인이 1,000개씩 있었다고 한다. 셀러북에는 그 밖에도 브랜디, 럼, 샴페인, 그리고 여러 산지의 레드와인과 화이트와인이 기록되어 있다. 도저히 개인 저택 창고라고는 생각할 수 없는 수량이다. 이미 그곳은

사적인 공간이 아니라 파티 룸의 집합체 같은 것이었을지도 모른다. 대저택의 와인 저장실은 대개 지하에 있었다. 돌로 만든 공간이기에 여름에도 서늘하고 시원하며, 와인병을 씻기 위한 싱크대 등도 갖춰져 있었다. 이곳에서 집사들은 통으로 납품된 와인을 병에 옮겨 담거나 매일 내놓는 와인을 걸러서 디캔팅하는 작업을 수행했다.

거대한 저장실과 별개로 「집사의 저장실」이라 불리는 소규모 창고가 병설된 집도 있었다. 메인 저장실은 주인이 관리를 하고, 가까운 시일 내에 마실 예정이 있는 와인만 필요에 따라 꺼내서 집사에게 관리를 맡기는 방식이다. 주인의 입장에서는 경험이 부족한 집사가 귀중한 와인을 망쳐버리거나 술을 좋아하는 사용인이 마음대로 마셔버리는 사태는 피하고 싶었을 것이다. 『사용인 실용 가이드』에 기록된 내용에 따르면, 19세기 후반에는 저장실 열쇠를 집사에게 전적으로 맡기는 고용주는 적었다고 한다.

그와 반대로 저장실은 당연히 집사의 영역이라며 출입을 삼가했던 고용주도 분명히 있었다. 주인과 집사가 협력하여 저장실을 풍요롭게 만들려고 한 사례도 있다. 1930년대 집사 겸 시종으로 일한 찰스 딘은 와인에 조예가 깊은 주인에게서 가르침을 받고 함께 시음을 반복하면서 와인과 요리의 궁합을 연구했다고 한다. 저장실을 관리하는 방식에는 술에 대한 주인의 생각이 짙게 반영되어 있었던 것이다.

닦고, 닦고, 끊임없이 닦다

와인 관련 작업과 마찬가지로 외부의 눈에는 닿지 않지만 집사에게 매우 중요한 일상 업무가 있었다. 바로 은식기 손질이다.

금이나 은으로 된 식기나 테이블 장식, 촛대는 융숭한 만찬회 대접의 중심이 되는 물건이다. 이 은식기 손질은 「집사의 작업실But-ler's pantry」에서 이루어졌다. 풋맨이 여럿 있는 큰 집이라면 집사는 그들이 하는 작업을 감독만 하면 되지만, 일손이 부족하면 본인도 직접 움직일 수밖에 없었다.

대부분의 작업실에는 은식기 보관 전용 창고나 귀중품 찬장이 설비되어 있었다. 이 공간은 집사의 작업실 안쪽에 배치되어 있었기 때문에 집사가 있는 곳을 지나지 않으면 들어가지 못할뿐더러

⌲ 백화점 「해러즈」의 1929년 카탈로그. 「조지 왕 시대풍(18 ~ 19세기 초)」의 실버 티 & 커피 서비스. 무겁고 비싼 쟁반, 티 포트, 크리머, 주전자와 받침대, 슈가볼, 커피 또는 뜨거운 물이 담긴 포트.

통로나 외부에서 직접 진입할 수도 없었다. 사용할 때마다 이 보관 창고에서 꺼내 쓰고, 다 쓰고 나면 씻고 닦아서 다시 제자리에 넣어놓은 후 철저하게 문단속을 했다.

참고로 상류층 식탁에서는 은식기와 함께 고가의 도자기를 사용했는데, 이것들은 가정부와 여성 사용인의 관할이었다.

어니스트 킹은 1908년, 홀 보이가 된 첫날 아침에 은식기 닦는 방법을 배웠던 그 일을 여전히 생생하게 기억하고 있다. 은식기를 닦는데 사용했던 것은 「루주Rouge」라는 것이었는데, 이것은 「귀금속 연마용 벵갈라Bengala, 제이산화철로 만들어지는 적색 안료, 착색력·내구력·내약품성 등이 있으며, 페인트 등의 안료로 사용됨」를 뜻하는 것으로, 산화철 분말이었다.

선배인 풋맨의 시범에 따라 루주 가루를 접시에 덜고 암모니아와 섞었는데, 걸쭉한 상태가 되면 손가락에 묻혀 은식기에 문질러 발랐다. 그는 이 작업이 「사용인이 하는 일 중 가장 힘든 일이었다」고 생각했다. 세게 문지르면 손가락이 매우 아팠고 물집이 생겼다.

§ 은제품 손질 전용 파우더 광고. 빅토리아 시대의 것으로 추정.

「하지만 그 당시 보이들이 아무리 우는 소리를 해도 무조건 익숙해질 때까지 그냥 하라는 말만 돌아올 뿐이었다. 할 수밖에 없었다. 그렇게 아파하면서 계속하다 보면 어느새 물집은 터지고 '강철 손'이 완성되었다. 이 수준까지 오면 두 번 다시 물집은 잡히지 않는다. 그 옛날, 풋맨의 손은 이 작업 때문에 널빤지처럼 딱딱해졌다.」

은식기를 닦느라 딱딱해진 손을 「강철 손Plate hand」이라고 불렀다. 처음에는 힘들고 괴로웠지만, 머지않아 그는 은식기를 닦는 일에 매료되어 말 그대로 기술을 갈고 닦았다.

이윽고 일의 성과는 그의 손에서 벗어나 출세의 기회를 불러왔다. 상대는 유부녀를 사랑한 나머지 왕위를 버린 것으로 유명한 윈저 공이었다. 공작은 어니스트 킹이 일한 저택에서 내온 은식기를 보고 감탄하여 그 집 집사가 자유의 몸이 되었다는 소식을 듣고 스카우트했다.

윈저 공은 어니스트 킹이 도착하자마자 「킹, 자네가 우리 집에 와줘서 무척이나 기쁘네.」하고 점찍어 둔 집사를 얻은 기쁨을 드러냈다. 마치 유리 구두 대신 은식기가 이어준 신데렐라 이야기 같다고나 할까.

✤ 여주인 (새로 온 집사에게) 「제임스, 이거 오늘 오후에 작업실에서 발견한 그릇인데 금이 가고 이가 빠졌어.」 집사 「범인은 제가 아닙니다. 저는 깨거나 부수지 않습니다. 아예 흔적도 없이 산산조각 내니까요.」 『펀치』 1912년 10월 30일.

어니스트 킹은 구두를 닦는 기술에도 은근히 자부심을 가지고 있었다. 부호인 힐을 모시고 있을 때, 갑자기 주인이 체류 중인 여성 손님들을 불러 모아 자신이 신고 있는 구두를 자랑스럽게 내보인 적이 있다. 「이것 좀 보시게. 대단하지 않소? 이 정도는 돼야 구두를 닦았다고 할 수 있지, 암!」 고용주가 일상의 소소한 일까지 칭찬하는 경우는 거의 없다. 그렇기 때문에 사용인의 입장에서는 자신이 한 일의 진가를 알아봐주고 고마움을 표해주는 일이 중요하다.

무언가를 닦는 작업은 끝없이 되풀이된다. 아무리 반짝반짝하게 닦아도 한 번 사용하면 금방 다시 더러워진다. 힘들고 아프고 상당히 고되다. 그렇지만 오로지 눈앞의 일에만 집중하여 완벽하게 끝냈을 때 느끼는 만족감은 하루하루를 이겨내는 버팀목이 되었을 것이다. 가끔 주인에게 받은 칭찬은 두고두고 자서전에 써야

⟨ 장난꾸러기 소년「영감님, 아래에서 두 번째 벨을 네 번 당겨봐요!」귀가 어두운 노신사
「어디 보자.」……잠시 후 1층에 사는 노부인이 씩씩거리며 달려나온다. 공동 주택Flat
앞에서의 한 장면. 『펀치』 1882년 7월 22일.

할 일이다. 식탁을 장식하는 은식기의 휘황찬란함 이면에는 집사
들의 일에 대한 애증이 녹아 있었다.

「하층 출입구」에 대한 회상

가사사용인이었던 사람들의 이야기를 들으면 자주 나오는 일화
가 있다. 사용인 전용 통용구에 관한 씁쓸한 기억이다.

일반적으로 영국의 오래된 건물은 정면 현관과 통용구가 따로
있는데, 가족의 손님은 정면을, 집사나 메이드, 물건을 배달하러
온 상인 등은 통용구를 사용했다. 타운 하우스의 경우 이「하층」
출입구는 정면 옆에 있는 계단을 따라 내려가면 반지하에 있거나
구조에 따라서는 뒷길 쪽에 있다. 컨트리 하우스의 경우에는 나무

나 돌로 만든 아치를 지나면 눈에 띄지 않는 안쪽에 위치해 있다. 「방문할 상인은 이쪽으로」라는 안내판이 걸려 있거나 신사숙녀용 초인종과 그 외 초인종, 이렇게 초인종이 두 가지로 나뉘어 있기도 하다.

신학교의 페이지 보이가 되기 위해 방문한 소년, 프레더릭 고스트는 이 시스템을 보고 당황했다. 널찍한 계단을 올라 정면 현관 앞에 선 그는 연철로 만들어진 커다란 노커를 당겼다. 그러자 「마치 떼까마귀 무리가 떡갈나무 숲에서 날아오를 때와 같은」 엄청난 소리가 울렸다.

「바로 문이 열리고 키가 큰 남자가 나왔다. 은발에 얼굴이 붉었으며, 검은 옷을 입고 있었다.

"넌 누구지?"하고 그가 물었다.

"새로 페이지보이로 온 프레더릭 고스트입니다."

"아, 그래? 그렇게 보이는구나. 그럼 뒤쪽으로 돌아가렴. 네가 사용할 문은 그쪽이니까. 통용구로 들어오도록 해!」

프레더릭은 「첫 직장에 온 지 채 오 분도 지나지 않았는데 벌써 첫 번째 실수를 저지르고 말았다」고 생각했다. 통용구 구분에 관한 체험은 사용인에게 자신이 놓인 처지를 깨닫게 하는 최초의 의식이 되었다.

참고로 영국의 가사 사용인 세계를 소재로 삼아 만든 영화에서는 이야기 도입부에 통용구를 둘러싼 대화를 넣는 경우가 많다. 1971년에 방영된 드라마 「Upstairs, Downstairs」, 2002년에 개봉한 영화 「고스포드 파크Gosford Park」도 이 연출법을 사용하고 있으니 고전적인 표현이라고 해도 좋을 것이다. 시점이 되는 등장인물이 최초로 받는 충격을 통해 시청자는 주인이 사는 「상층」과 사용인들이 생활하는 「하층」의 격차를 이해할 수 있게 된다.

통용구에 관한 찰스 딘의 기억은 영화나 드라마보다도 더 유쾌하다. 사건은 그가 처음 애스터가의 타운 하우스에 왔을 때 일어났다.

「나는 정면 현관으로 이어진 계단을 올라가 초인종을 눌렀습니다. 그러자 제복 차림의 세련된 젊은 풋맨이 나왔습니다. 나는 집사인 미스터 리를 불러달라고 부탁했습니다.

"하급 집사에 응모해서 온 사람입니까?"하고 그는 부드럽게 물었습니다.

"맞습니다."라고 저는 대답했습니다.

"그럼 통용구 쪽으로 돌아서 와주시겠습니까? 지하로 이어지는 계단을 내려가서 그곳에 있는 벨을 누르면 됩니다. 이 문은 애스터 경 내외와 손님 전용입니다."

머리가 새하얀 하인이 나온 것을 보고 머리 분이라는 것을 잘 모르는 미국인 신사 왈. 「고생이 꽤 심한가 보군.」 새치가 날 정도로?! 「펀치」 1883년 7월 28일

나는 1피트쯤 키가 줄어든 것 같은 기분을 느끼면서 시키는
대로 했습니다. 그런데 놀랍게도 아래쪽 문을 열고 나타난 사람
은 아까 그 풋맨이었습니다.

"아주 오랫동안 이 말을 하게 되는 날을 기다려왔어."하고 그
는 만면에 웃음을 띠며 말했습니다.

"내가 이 일을 시작했을 때 똑같은 실수를 하고 지금같이 환
영을 받았거든."

나중에 알았지만 이 남자의 이름은 고든 그리메트로, 그와 나
는 평생 둘도 없는 친구가 되었습니다.」

방문객의 안내

프레더릭 고스트와 찰스 딘은 문이 열린 순간 바로 신분을 간파
당하고 신분에 맞는 통용구로 가라는 말을 들었다. 이것은 맞이하
는 입장에서 보면 당연한 행위며, 그들은 본인의 일을 한 것에 불
과하다. 풋맨이나 집사, 팔러 메이드 등 접객 담당 사용인은 상대
의 외모를 보고 신분을 판단하여 신사·숙녀와 그렇지 않은 사람
으로 구분해야 했다.

방문객을 대응하는 방법은 크게 세 가지로 나뉜다. 먼저 앞서 말
한 대로 사용인이 만나야 할 상대는 통용구로 돌아가게 한다. 똑
같은 업자라도 주인 내외가 직접 만나서 이야기할 「사업상의 손
님」은 홀에서 기다리게 한 뒤 주인의 의향을 물으러 간다. 마지막
으로 지위가 있는 「손님」은 주인이 있는 사적인 공간으로 직접 안

❧ (왼쪽)발이 안 보일 정도로 빠른 하인(올림픽 단거리 선수 후보)이 손님보다 먼저 쌩하니 달려와 「주인마님, 젠킨스 님이십니다.」하고 알린다. 「펀치」 1913년 11월 19일.
❧ (오른쪽)여성 우애 협회의 후원자인 레이디가 메이드를 위문하기 위해 방문하지만, 페이지보이가 「통용구로 와주세요」 우애 협회는 1875년에 설립된 영국 성공회계 자선 단체. 「펀치」 1896년 5월 2일.

내하거나 응접실로 모신 뒤 잠시 기다리게 한다.

손님을 모시고 주인이나 안주인의 방에 들어가기 전에 집사들은 누가 왔는지 알려야 했다. 이때, 손님의 신분에 따라서 안내하는 말이 바뀌었다.

사적인 사교의 대상에게는 그에 걸맞은 경칭으로 불렀다. 왕족과 공작 부부는 「필립 전하His Royal Highness The Prince Philip」 「런던 공작 부부이십니다」 등 정식 위계를 붙여서 불렀다. 그 외 후작 이하의 귀족이나 서민일 경우에는 그 사람의 「작위가 무엇」인지는 언급하지 않고 그저 「로드」 「레이디」 「미스터」 「미스」와 같은 경칭을 붙여서 불렀다.

사업상 손님일 경우, 사전에 명함을 전했다면 「마님과 만나기를

🌸 (왼쪽)집사당시의 총리인 허버트 애스퀴스가 선물을 가져온 파더 크리스마스영국의 산타클로스의 명함을 의심스럽게 보다가 결국 「부재중이십니다.」 하고 문전박대를 한다. 「펀치」 1908년 12월 23일.

🌸 (오른쪽)집사(우측 끝)가 알린다. 「코엔 부인이십니다.」 흥미진진해하는 다른 손님들. 「펀치」 1894년 3월 17일.

희망하는 분A Person께서 와 계십니다」라고만 고하고 굳이 이름을 언급할 필요가 없었다. 사용인 지침서들을 보면 이때 이름을 잘못 전달하는 것은 「엄청난 실례」라고 강조하고 있다. 하지만 종종 착오는 생겼을 것이다.

추레한 공작과의 만남

1872년에 태어났으며, 저택관리인이 되어 빅토리아 여왕의 딸 루이즈 공주Victoria Adelaide Mary Louise를 모셨던 바가 있는 존 제임스는 캠퍼다운Camperdown 백작 부부의 제1 풋맨이었을 때, 몹시 창피해서 쥐구멍에 숨고 싶은 일을 경험했다.

「어느 날 아침, 매우 인상이 좋은 중년 신사가 찾아와서 잠시 백작 부인을 뵐 수 있겠냐고 물었다. 그는 수염을 깔끔하게 다듬었지만, 복장은 조금 단정치 못했다. 나는 그가 어느 집에서 일하는 집사라 생각하며 홀에 앉아서 기다리라고 말했다. 백작 부인에게 전하기 위해 이름을 묻자 그는 말했다.

"내 명함을 가지고 가시게."

위층 방으로 올라가면서 그 명함을 본 순간, 하마터면 심장마비가 올 뻔했다. 송구하게도 나는 웨스트민스터Westminster 공작에게 무례를 범한 것이다. 그런 단출한 차림새가 용납될 정도의 인물은 매우 드물다. 내 경험에 의하면 지위가 높으면 높을수록 자연스럽게 행동하고, 보잘것없고 시시한 사람일수록 요란하게 꾸미는 법이다. 실제로 신사 중의 신사인 분이 전혀 신사답지 않은 모습을 하고 있다는 것은 흔히 있는 이야기다.」

🖐 편안한 차림으로 생활하는 3대 레스터Leicester 백작(1848 ~ 1941). 다리지 않은 듯한 구깃구깃한 셔츠에 누덕누덕 기운 낡은 정장.

프레더릭 고스트도 비슷한 실수를 한 적이 있다. 하워드 경 부인의 제1 풋맨으로 있었을 때, 「이상한 회색 산책복을 입고 스포츠용 모자를 쓴」 키가 작고 비쩍 마른 신사가 걸어서 찾아왔다. 경마 기수나 드나드는 상인처럼 보였기 때문에 프레더릭은 「어디서 오셨고 어느 분을 찾아오셨습니까?」하고 단도직입적으로 물었다. 하지만 그 사람은 주인의 사촌인 노픽Norfolk 공작이었다. 프레더릭은 새빨개진 얼굴로 「어서 안으로 드십시오, 공작 각하.」라고 말하며 그를 안내했다고 한다.

　최상위 귀족인 공작 가문의 당주들은 옷을 입을 때 세간의 눈치를 볼 필요가 없었다. 오히려 영지에서의 생활을 사랑하는 「시골신사Country Gentleman」답게 입은 것에 자부심을 가지고 있었다. 도시에서만 일하던 풋맨의 입장에서는 꿰뚫어보기 힘들었을 것이다.

식탁을 장식하는 꽃과 과일

　집사와 풋맨이 심혈을 기울여서 닦은 금식기, 은식기가 활약하는 때는 누가 뭐라 해도 만찬회다. 상승 지향적인 고용주의 입장에서 만찬회를 성공시키는 것은 일류 세계로 들어가는 「패스포트」가 된다. 만찬회의 평판이 안주인의 사교계에서의 평가로 직결되기 때문이다. 상류 사회 사람들도 그 안에서의 평판은 신경 쓰였기 때문에 항상 새로운 아이디어를 찾아 헤맸다.

　집사가 은식기와 글라스를, 가정부가 도자기와 식탁보, 냅킨을 각각 필요한 만큼 보관 창고에서 꺼내주면, 풋맨은 그것들을 이용해 만찬실 테이블을 세팅했다. 거친 나사 천을 깐 다음 그 위를 새하얀 다마스크Damask 천으로 덮었다. 그리고 냅킨은 종이 접기를 하듯 예쁘게 접어서 자리마다 놓았다. 「주교관」 모양이 기본이었던 듯하다.

테이블 위에는 형형색색의 꽃과 고사리, 담쟁이덩굴, 과일을 장식했다. 전통적으로 파인애플은 호화로운 접대의 상징으로 여겨졌으나 집안 소유의 과수원이나 온실에서 정원사들이 정성을 들여 키운 포도나 복숭아 같은 것을 그 집의 명물로 내놓는 경우도 많았다.

꽃 장식은 정원의 꽃을 가져온 정원사가 손수 하거나 생화 납품업자가 장식까지 맡아서 하기도 했으며, 규모가 작은 집에서는 안주인과 딸, 집사가 하기도 했다. 프레더릭 고스트의 이야기에 따르면 포틀랜드 공작가에서는 「본래의 직책에서 벗어난」 이례적인 일이지만 과일 장식은 수석 하우스메이드가 담당했다고 한다.

집사는 풋맨이 세팅한 테이블을 검사하고 요리 나오는 순서도 파악하며 예정 시간에 맞출 수 있도록 만반의 준비를 갖췄다.

「만찬 준비가 끝났습니다!」

접객 담당 사용인들은 만찬회에 온 손님을 일단 응접실로 모셨다. 참고로 규모가 큰 파티에서는 집사가 계단 위에 서서 도착한 손님의 이름을 큰 소리로 외치며 알린다. 응접실에서는 손님들이 모두 올 때까지 잠시 동안 환담이 펼쳐진다. 이때 주인은 남성 손님에게 에스코트해야 할 상대 여성 손님을 넌지시 알려주었다.

주방 준비가 끝나고 예정된 시간이 되면 집사는 문을 활짝 열고서 「만찬 준비가 끝났습니다」 하고 우렁차게 선언한다. 그러면 주인은 초대 손님 가운데 가장 지위가 높은 여성에게 오른팔을 내밀고, 가장 지위가 높은 남성 손님은 집의 안주인에게 팔을 내민다. 각 남성이 여성을 에스코트해서 만찬실로 향한다. 지위 순서대로

§ 만찬실에 들어가는 선두에는 초대한 집 주인과 초대받은 사람 중 가장 신분이 높은 여성이 서고, 안주인과 신분이 높은 남성은 맨 마지막으로 들어간다. 문 쪽에는 집사. 「펀치」 1878년 12월 28일.

§ 런던 사교 시즌, 정
신없고 혼잡한 파
티. 개최자인 레이
디가 층계참에 서
서 손님을 맞이한
다. 층계참 우측 안
쪽에는 방문객 이
름을 호명할 사용
인이 그림자처럼
서 있다. 『런던 생
활』(1920)에서.

남녀가 줄을 서서 이동했다. 이때 안주인은 초대한 사람들의 지위
에 얽힌 미묘한 상하관계를 두꺼운 『버크 귀족명감Burke's Peerage』
등을 참고하여 미리 파악해뒀을 것이다

만찬회에서도 지위에 따라 남녀가 번갈아 자리에 앉았다. 테이
블 끝과 끝에 주인과 안주인이 앉았고, 남성들은 에스코트한 여성
을 자신의 오른쪽 자리에 앉혔다. 부부나 혈연관계인 사람들은 서
로 옆에 앉지 않는 것이 관례였다.

만찬회가 시작되면 풋맨들이 조용히 쟁반을 들고 입장하여 가장 지위가 높은 여성 손님부터 시계 방향으로 접시를 내려놓는다. 집사는 시중을 잘 들고 있는지 살피면서 자리마다 돌아다니며 와인을 따랐다. 만찬실 사이드보드에서 고기 요리를 잘라서 나누는 작업을 담당하는 경우도 있었다.

만찬회 요리는 일곱 가지에서 열한 가지의 음식으로 구성되었다. 스프, 생선 요리, 앙트레Entrée, 생선 요리와 고기 요리 사이에 내놓는 가벼운 요리, 메인인 고기 요리, 게임Game, 사냥해서 잡은 고기로 만든 요리-역자 주에 이르기까지 요리에 어울리는 와인을 함께 내오며 만찬회 내내 시중은 계속된다. 그리고 식사를 마치면 테이블 위를 깨끗하게 치운 뒤 치즈, 달콤한 케이크, 아이스크림, 과일을 내왔다.

디저트를 다 먹고 나면 남성들은 그 자리에 가만히 있고 여성들

🖊 하인이 「레이디 글리터의 마차가 준비되었습니다」 하고 안내하자, 그 집의 영식이 돌아가려는 레이디를 마차까지 에스코트한다. 「펀치」 1887년 5월 14일.

은 안주인의 신호에 따라 자리에서 일어나 응접실로 향한다. 이것은 유럽의 다른 나라에서는 볼 수 없는 영국만의 풍습이었다. 이때 사용인도 함께 방을 나왔다. 남성들은 호스트 주위로 모여서 여성 앞에서는 할 수 없는 정치나 스포츠, 혹은 비밀 이야기를 나누며 포트와인과 담배를 즐겼다. 그렇게 적당히 시간을 보낸 뒤 응접실에 있던 여성들과 합류했다. 응접실에는 사용인이 대기하고 있어서 차나 커피를 나누어주었다.

손님들이 돌아갈 때가 되면 풋맨과 집사가 「○○ 씨의 마차가 준비되었습니다」 하고 외치기 시작한다. 마차까지 안내하며 모든 손님을 배웅한다. 밤늦게까지 뒷정리나 문단속을 하고 나면 실내 사용인의 기나긴 하루가 끝났다.

※ 만찬 후, 포트와인과 커피와 시가를 즐기며 남자끼리의 한때.『펀치』1883년 2월 24일.

관리직으로서의 집사

영화「고스포드 파크」의 기술 자문을 맡은 전직 집사 아서 인치 Arthur Inch는 사용인의 운명을 타고난 것 같은 사람이었다. 그의 아버지도 1890년부터 1934년까지 집사로 일을 했기 때문이다. 아버지는 아들에게 작은 책자를 건네주었다. 그 책에는 집사라는 직업의 본질이 쓰여 있었다.

「작은 집의 집사는 풋맨처럼 많은 일을 해야만 한다. 규모가 큰 집이라면 보통 집사의 영역이라고 생각하지 않을 법한 일까지 할 수밖에 없다. 그러나 어떤 집이라 해도 통치하는 것이 집사의 일이다. 특히 큰 집에서는 확고한 판단력을 가지고 행동하는 집사를 몹시 원한다. 하급 사용인의 입장에서도 허술한 관리 아래에 있는 것은 쾌적하지 않거니와 행복하지도 않다.」

애스터 자작가의 집사 에드윈 리(왼쪽)와 자작의 시종 아서 부셸 Arthur Bushell(오른쪽). 리는 부하들의 교육을 훌륭히 했던 것으로도 유명해서 「그에게 일을 배웠다는 그 자체만으로도 훌륭한 소개장이 되었다」고 한다.

집사의 일은 통치하는 것. 여기서 말하는 통치는 그저 부하의 업무 성과 체크를 의미하는 것이 아니다. 집사는 부하의 일상생활에 대해서도 지도를 하고 식사 시간에는 솔선해서 기도문을 읊었다. 위층에 있는 가족으로 따지자면 가장인 주인의 역할이었다. 반대로 말해 집사는 아래층의 「가장」이며, 사용인들의 「엄한 아버지」 역할을 해야 했다는 뜻이다.

아들이 아버지에게 물려받은 책자의 내용대로 「어떤 집이라 해도」 항상 아버지의 위광이 미쳤을지 어떨지는 의문이다. 「아랫사람에게 너무 무르다」라고 주인에게 항의를 받는 집사도 있었고, 제 몸 챙기기에 급급하여 부하의 처지는 나 몰라라 하는 집사도 있었기 때문이다.

게다가 젊은 남성이란 존재는 아무리 엄격한 집사가 있는 집에 들어가서 규율에 복종할 것을 강요받는다 해도, 잠깐의 틈만 있으면 즐길 거리를 찾아 헤맸다. 반대로 그런 혈기 왕성한 젊은 풋맨의 행동을 통제하라는 지시를 받고 고생한 집사의 발언도 남아 있다. 다음 장에서는 남성 사용인의 사생활에 대해 살펴볼까 한다.

신화가 된 실수담

🐝 뜨거운 감자와 가슴골에 관련된 일화

집사나 메이드의 회고록에는 통용구에 관한 일화와 마찬가지로 빠지지 않고 등장하는 단골 실패담이 있다. 무인가를 잔뜩 올려놓은 은쟁반을 나르다가 손이 떨려서 전부 쏟아버렸다는 이야기가 그 대표적이다. 떨어뜨린 것은 고가의 티 세트나 조식 세트, 식초나 오일, 향신료 등 다양했다. 뜨거운 물이나 음식 같은 경우에는 대부분 시중을 받는 사람도 휘말려서 대참사(!)로 발전하곤 했다. 이런 사고들은 여성의 「가슴골」이 연관된 경우가 매우 많았다.

앨버트 토마스[주1]는 19세기 어느 때에 와이트 섬 카우스에서 호텔 웨이터로 일하고 있었다. 이 섬에는 왕실 소유 별장이 있어서 빅토리아 여왕이 탄 마차가 지나가기도 했다. 여왕은 반드시 거리에 사람이 없는 저녁 식사 시간에 이동했다고 한디.

어느 저녁 시간, 버터와 파슬리를 얹은 뜨거운 감자를 나르던 그는 창밖으로 여왕의 마차 행진을 알리는 기마 근위병을 목격했다.

「"여왕 폐하 행차시오!" 큰 소리가 들렸다. 나는 아주 잠깐 창밖으로 눈을 돌렸다. 그 순간, 들고 있던 스푼이 기울더니, 마담 스노브가 입은 짙은 색 드레스 가슴께로 감자 두 개가 굴러 떨어졌다. 버터로 범벅이 된 뜨거운 감자가 주르륵 미끄러졌다. 나는 접시를 테이블에 내려놓고 이 모험심이 강한 감자 녀석을 잡으려고 했다. 그렇지만 꺼내기는커녕 불행하게도 감자는 내 손끝을 스치며 더 깊은 곳으로 들어가버렸다. 그녀는 참았던 비명을 지르며 스프링처럼 벌떡 일어나더니, 간신히 평정심을 유지하면서 방을 나갔다.」

「마담 스노브」는 아마도 가명일 것이다. 앨버트 토마스가 이전에 모셨던 졸부 여성으로, 그에게 은 포크와 스푼을 분실한 죄를 물어 해고한 인연이 있었다. 그

주1) 앨버트 토마스Albert Thomas
19세기 말부터 호텔 웨이터와 매니저, 신사 클럽과 대학 기숙사의 집사로 활동했다. 개인 저택의 집사로 일한 경험도 있지만 절도 혐의로 의심을 받거나 아일랜드의 성에서 IRA와 싸우는 등 별로 좋은 기억은 없는 듯하다. 회고록으로 「Wait&See」(1944)가 있다.

후 호텔 웨이터와 손님으로 재회하게 된 것이다. 뜨거운 감자를 가슴골에 흘리는
바람에 뜻하지 않게 앙갚음을 하게 되었다.

🐾 국왕의 면전에서도

1984년에 출간된 조지 슬링스비의 전기에는 에드워드 7세를 맞이한 공작가의
만찬회에서 일어난 사건이 기록되어 있다. 중간까지는 알버트의 실수담과 거의 비
슷하지만「결말」부분이 조금 다르다.

조지가 쓴 글에 따르면, 에드워드 시대의 만찬용 드레스는 네크라인이 상당히 깊
었다. 풋맨은 여성의 가슴에서 눈을 돌리고서 시중을 들도록 교육받았다고 한다.

사건이 일어난 것은 어느 연회에서였다. 조지는 제1, 제2 풋맨과 함께 제3 풋
맨으로서 시중을 들고 있었다. 레이디 두 명이 에드워드 7세를 사이에 두고 앉아
왕의 관심을 끌기 위해 경쟁을 하고 있었다.

「풋맨이 눈을 돌린 상황에서 레이디가 다른 것에 정신이 쏠려 있으면 대형 사

🦢 런던 사교 시즌에 마차로 공원을 지나는 에드워드 7세와 알렉산드라 왕비. 사교계에서 물러난
어머니 빅토리아 여왕과 달리, 아들인 그는 화려한 것을 더 좋아했다. 『런던 생활』(1902년)에서.

﹏ 임시로 고용한 웨이터가 재미있게 이야기하고 있는 손님에게 귓속말을 한다. 「웃긴 이야기는
그만하시죠? 전부 투덜댈 겁니다.」 원래 시중을 드는 사용인은 연회에 참석한 사람들에게 말
을 걸면 안 되거니와 대화를 들은 척을 해서도 안 된다. 「펀치」 1890년 12월 13일.

고가 일어나는 것은 시간문제다. 문제의 레이디는 제2 풋맨이 들고 있던 접시에
서 채소를 집으려 한 순간에도 왕에게 모든 신경을 기울이고 있었다. 그러면서
접시에 강한 힘이 가해졌고, 그 바람에 풋맨은 잡고 있던 손잡이를 놓칠 뻔했다.
반사적으로 제2 풋맨이 다시 힘을 꽉 줘서 잡은 순간, 접시가 크게 튀어 올랐다.
작고 뜨거운 감자가 힘차게 공중을 날아 레이디의 드레스 앞쪽에 일직선으로 떨
어졌다. 그녀는 몹시 뜨거운 열기에 비명을 질렀다. 테이블에 있던 사람들이 일
제히 돌아봤다. 제2 풋맨은 앞뒤 생각할 겨를도 없이 그녀의 가슴골에 손을 집어
넣어 뜨거운 감자를 꺼냈다.

　만찬실은 정적에 휩싸였다. 제3 풋맨이었던 조지는 자신의 숨소리마저 들릴
정도였다. 그 자리에 있는 사람들은 모두 곤혹스러움과 공포기 섞인 표정을 짓고
있었다. 딱 한 사람. 얼굴이 새빨개진 제2 풋맨만이 사형 집행인이 도끼를 내려
치는 순간을 기다리고 있었다. 레이디가 심한 화상을 입는 것은 막았을지도 모른
다. 그렇지만 용서하기 힘든 행동을 한 것은 확실했다. 잠시 후 왕이 웃기 시작하
자 한순간에 긴장이 풀렸다. 왕이 웃자 레이디도 웃었다. 만찬실은 이내 웃음바

⑥ 문화인에게 둘러싸이는 것을 좋아하는 레이디. 그렇다 해도 가슴골이 신경 쓰인다. 이야기에 방해가 되지 않도록 시중드는 사람은 조용히 뒤에서. 「펀치」 1893년 5월 27일.

다가 되었다.」

등장인물과 세세한 부분은 다르지만 1968년에 출간된 마가렛 파월의 책과 1976년에 출간된 로지나 해리슨의 책에도 거의 비슷한 내용의 이야기가 실려 있다. 때때로 살이 붙어서 전해지는 실수담은 전래동화 「신데렐라」나 「빨간 두건」이 샤를 페로Charles Perrault와 그림Grimm 형제의 각색에 따라 각각 다른 이야기가 되는 것을 떠오르게 한다.

어디서 읽은 이야기나 들은 이야기, 그리고 본인의 경험이 섞여서 자신의 체험담으로 착각했을 수도 있다. 아니면 이쯤에서 잠시 웃긴 이야기를 넣을까 싶어서 서비스 차원에서 이야기를 과장되게 썼을지도 모른다. 혹은 진짜로 흔히 있는 사고였을지도 모른다. 뜨거운 감자와 풍만한 가슴골에 얽힌 이야기가 가사 사용인들 사이에서 전설처럼 떠돌고 있었으며, 화자에 따라 각각 다른 이야기로 변한 것일 수도 있다. 그런 상상을 하다 보면 조금 재미있다는 생각이 든다.

제5장
집사의 생활

§ 노팅엄에 위치한 저택 「러퍼드 애비」의 사용인 홀. 1899년경. 옛날 중세 시대에 수도원이었던 모습이 남아 있는 지하 공간.

간이침대 생활

「그 당시는 지금처럼 정교한 도난 경보기가 없었습니다. 그런 물건이 필요하다는 생각을 하지 못했습니다. 집안일도 시킬 수 있는 인간 경보기를 연 26파운드로 고용할 수 있었기 때문이지요.

저는 경보기가 되었습니다. 제 방도 없이 작업실에서 잠을 잤습니다. 찬장에서 꺼내는 접이식 침대가 있는데, 내리면 금고 문을 막는 형태가 되었습니다. 이 말은 만약 도둑질을 하려는 사람이 와도 자고 있는 내 숨통을 끊어놓지 않는 한 금고에는 손을 댈 수 없다는 뜻입니다. 다시 말해 나는 집 안 사람들에게 무언의 경고를 전하는 역할을 맡고 있었습니다. 목숨이 붙어 있는 동안에 말이죠.」

§ 사용인 통로에 설치된 홀 보이용 침대. 찬장에서 꺼내는 접이식 침대며, 바닥에 있는 것은 밤에 쓰는 요강이다. 스코틀랜드에 위치한 저택 「맨더스톤Manderston」에 재현된 것.

1930년대에 홀 보이 겸 풋맨으로 런던 귀족 집에 들어간 조지 워싱턴의 거주 환경이다. 홀 보이나 풋맨, 때로는 집사나 하급 집사에게 금고 앞에 놓인 접이식 침대를 제공하는 집은 적지 않았다.

조지 워싱턴은 홀로 금고를 지키는 신세가 된 듯하지만, 보통은 하급 남성 사용인들 여러 명이서 침실을 공유했다. 예를 들어 1915년, 고든 그리메트가 「롱리트」 저택에 램프 보이로 들어갔을 때, 「침대 여섯 개가 있는 작은 기숙사 같은 방」을 하급 풋맨 두 명, 잡역부 한 명, 작업실 소속 보이, 관리인실 소속 보이와 함께 썼다고 한다.

에릭 혼은 간이침대를 사용하는 남성 사용인의 고충을 이렇게 증언했다.

「풋맨은 대부분 사용인 홀에 설치된 접이식 침대에서 자야만 했다. 건강이 상하는 것은 물론 식사를 하기 위해 모이는 다른 사용인들 입장에서도 불편한 일이었다. 어쩌면 풋맨 중 누군가는 어젯밤 마차를 타고 무도회에 따라갔을지도 모른다. 그런데도 다른 사용인의 아침 식사를 위해 늘 같은 시간에 기상해야 하는 것이다.」

물론 밤에도 다른 사용인이 모두 잠들기 전까지는 침대를 꺼낼 수 없었다. 애당초 접어서 수납하는 간이침대는 홀이나 작업실, 복도 등 낮에는 다른 용도로 사용되는 장소에 놓여 있었기 때문이다. 그 침대를 쓰는 사람은 어쩔 수 없이 가장 늦게 자고 가장 일찍 일어나야 했다.

「메이드」에 덤으로 「유령」까지?!

프레더릭 고스트의 회상에 따르면 포틀랜드 공작가가 소유한 대저택 「웰벡 애비」에서 일하는 사용인은 행운아였다고 한다.

「페이지보이가 내 짐을 들고 저택 맨 위층까지 안내해주었다. 이곳에서 나는 무척이나 쾌적한 방을 동료 풋맨인 짐 애스큐와 함께 쓰게 되었다. 난로가 있는 것을 보고 겨울에도 따뜻하게 지낼 수 있겠다는 생각에 기뻤다. 방은 얼룩 하나 안 보일 정도

*(왼쪽)사자가 웅장하게 지키고 앉아 있는 웰벡 애비의 정문.
*(오른쪽)포틀랜드 공작의 본거지였던 「웰벡 애비」.

로 깨끗하게 청소되어 있었다. 풋맨의 주거 구역을 담당하는 메
이드가 있는 것이다. 하나 있는 커다란 욕실은 풋맨이 모두 같
이 썼다. 우리가 커다란 거울과 전용 선반 앞에서 머리 분을 발
랐기 때문에 이 방은 '분장실The Powder room'이라고 불렸다.」

　나중에 다시 언급하겠지만, 여성 사용인과 남성 사용인은 서로
의 주거 공간에 출입하지 않는 것이 철칙이었다. 하지만 청소는
여성의 역할이라는 이유로 규정을 어기는 집도 있었던 모양이다.
또한 1900년대에 사용인 전용 목욕탕이 있었다는 것도 상당히 축
복받은 환경이었다. 뜨거운 물을 날라서 들어 옮길 수 있는 양철
욕조에 붓고 몸을 담그는 것이 일반적이었기 때문이다.
　1890년대, 찰스 쿠퍼는 홀 보이가 되면서 예외 없이 찬장에 수

빅토리아 시대 컨트리 하우스 랜히드록Lanhydrock

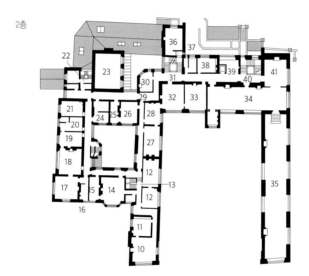

3층

도면 : 신보 유카神保由香

1. 여성 사용인 침실
2. 여성용 계단
3. 리넨실
4. 남성 사용인 침실
5. 남성용 돌계단
6. 여행 가방 보관실
7. 의상실
8. 침실용 티크 계단
9. 서쪽 맨 위층 침실

2층

10. 동쪽 침실
11. 동쪽 탈의실
12. 토미 대위(아들)의 탈의
    실과 침실
13. 아이 방 계단
14. 돌출창 침실
15. 돌출창 탈의실
16. 아이 방 세면실
17. 아이 놀이방
18. 아이 침실
19. 유모 방
20. 아이 방 욕실
21. 공부방
22. 남성용 돌계단
23. 부엌(1층 천장이 트인 구조)
24. 남쪽 중앙 침실
25. 북쪽 중앙 탈의실
26. 북쪽 중앙 침실
27. 주인 침실
28. 욕실
29. 복도
30. 모퉁이 방
31. 침실용 티크 계단
32. 로버츠 부인의 침실
33. 로버츠 부인의 개인방
    Boudoir
34. 응접실
35. 갤러리
36. 2층 서쪽 침실
37. 욕실
38. 에바 영애의 방
39. 기도실
40. 오크 계단
41. 오전용 거실

156

🕯 (왼쪽)로버츠가의 본거지였던 대저택. 빅토리아 시대의 사용인 구역이 매우 잘 보존되어 있어 많은 사람들이 찾아온다.

🕯 (오른쪽)1881년, 「랜히드록」 저택의 화재를 알리는 신문 삽화. 부엌 굴뚝에서 불이 번지면서 북쪽 일부만 제외하고 큰 피해를 입었다. 「일러스트레이티드 런던 뉴스」 1881년 4월.

1층

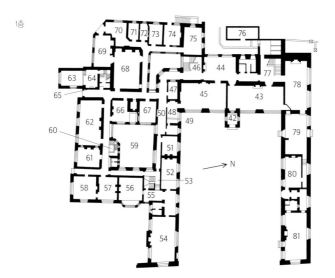

42. 포치Porch, 건물 앞으로 돌출된 현관	52. 관리인 방	63. 총기 보관실	74. 낙농실 설거지 방
43. 외부 홀	53. 아이 방 계단	64. 램프 보관실	75. 낙농실
44. 내부 홀	54. 당구실	65. 남성용 계단	76. 저장실
45. 만찬실	55. 로비	66. 집사 응접실	77. 오크 계단
46. 침실용 티크 계단	56. 흡연실	67. 집사 작업실	78. 음악실
47. 도자기 수납 창고	57. 메이드 방	68. 주방	79. 석조 홀
48. 배선실	58. 가정부 방	69. 주방 설거지 방	80. 공부방
49. 와인 저장실	59. 작업실 거실	70. 제빵실	81. 로버츠 경의 개인 방
50. 복도	60. 여성용 계단	71. 페이스트리 반죽실	
51. 로버츠 부인의 개인 방	61. 스틸룸	72. 식품 보관실	
	62. 사용인 홀	73. 고기 저장실	

납하는 침대를 지급받았다. 룸메이트는 제1 풋맨이었다. 그런데 실은 이 방에 또 다른 동거인이 있었다. 「하얀 드레스를 입은 레이디의 유령」이 나온다는 소문이 있었던 것이다.

> 「(유령은) 내 침대 뒤에서 나와 복도를 돌아다닌다고 했다. 하지만 나는 아무것도 보지 못했고, 잠을 설치지도 않았다. 그녀는, 또는 '그것'은 내가 관심이 없는 사실을 알고 그냥 무시하고 지나친 것에 틀림없다.」

유령에 대해서는 둔감해서 정말 다행이었다.

침실은 어디에?

풋맨이나 보이들의 침실 위치는 집마다 다 달랐지만, 어느 집이든지 여성 사용인이 쓰는 방과는 철저하게 떨어져 있었다. 도덕적인 주인들은 집 안에서 이성 교제가 이루어지는 것을 싫어했기 때문이다.

건물이 밀집한 런던의 타운 하우스에서는 사용인 구역도 비좁기 마련이다. 건물 맨 위와 맨 아래, 다시 말해 여성 사용인은 다락방, 남성 사용인은 지하에 침실이 배정되는 경우가 많았다. 컨트리 하우스의 경우에는 타운 하우스와 똑같이 다락방과 지하로 나누거나 남성만 다른 별채 마구간 위층으로 쫓는 방법 등을 써서 접촉을

옥스퍼드셔Oxfordshire에 위치한 노블Noble 부부의 저택 「파크 플레이스Park Place」의 사용인들. 풋맨으로 보이는 남성이 최소 세 명. 마구간을 담당하는 사용인도 여럿 보인다. 집사는 이런 젊은 사용인 다수를 통솔하는 역할을 맡았다. 1903년경의 사진.

금지하는 대책을 세우기도 했다.

콘월에 위치한 저택 「랜히드록」은 1881년에 대규모 화재를 겪은 후 최신 건축 사상과 기술을 도입하여 다시 지은 건물이다. 그로 인해 매우 보존 상태가 좋은 빅토리아 시대 말기의 컨트리 하우스로서 현재도 많은 관광객이 찾고 있다. 이 집에서 실내 사용인의 침실은 맨 위층인 3층에 몰려 있다. 하지만 같은 층에서 서로의 침실을 오갈 수 있는 통로는 없다. 오로지 남녀별 계단을 이용해야 갈 수 있는 구조였다. 이와 같이 계단부터 남녀의 영역을 가르는 집에서 「다른 계단」을 이용하는 모습이 목격되면 바로 해고로 이어졌다.

상급 사용인의 방

그렇다면 집사들의 침실은 어디에 있었을까. 설비가 갖춰진 대저택에서는 집사에게 응접실과 작업실, 침실이 하나로 이어진 스위트룸Suite Room을 제공했다. 집마다 배치는 달랐지만 시종, 가정부, 주방장에게도 업무용 방과 개인 침실을 제공해주었다. 정원사나 사냥터 관리인 등 실외 사용인을 관리하는 책임자들은 각각 일터와 가까운 곳에 작은 주택을 마련해주고 결혼해서 처자식과 살 수도 있게 해주었다.

누구에게 어디에다가 어떤 방을 줄 것인가. 일반적인 경향은 있었지만 결국은 고용주의 마음에 따른 일이라 할 수 있었다. 에릭 혼이 후작가의 집사 겸 그룸 오브 체임버로 있었을 때의 경험이다.

「후작이 (사냥에 쓰는) 탄약을 어디에 뒀냐고 묻기에 나는 이렇게
대답했다.

메이드의 침실을 보고 「이건 너무 심하게 습하지 않습니까. 벽을 타고 물이 흐르고 있습니다.」라고 말하는 신사에게 「사용인이 쓰기에는 습하지 않아요.」라고 레이디가 대답한다. 에릭 혼이 받은 사용인에 대한 처우는 반세기 전과 달라지지 않았다. 『펀치』 1865년 7월 8일.

"제 침실에 보관하고 있습니다."

"뭐?"그가 말했다. "탄약을 보관하기에는 습기가 너무 많지 않은가?"

하지만 집사가 자는 방 치고는 습기가 많지 않았다. (중략)

대개 집사의 침실은 동굴로 들어가는 문 옆에 있었다. 습하고 비위생적이라 만약 상류 계급이 아니라 다른 집이었다면 침실로는 사용하기 적합하지 않다는 선고를 받을 만한 방이었다. 일반적으로 이 방에는 저수조가 설치되어 있는데, 쉴 새 없이 물이 떨어지거나 샌다. 침대 머리맡에 잇는 하수관에서는 주기적으로 오수가 흘렀다.」

집 주인이 자신의 사용인을 어떻게 생각하고 있는지는 사용인의 생활환경에 여실히 반영되었다.

심야의 집회와 베개 싸움

가정부는 메이드들을, 집사는 풋맨들과 보이들을 단속할 책임이 있다. 옷차림이 단정한지 검사하고 이성과의 접촉을 금지했으며, 통금 시간을 지키도록 관리했다. 그렇게 해도 당연히 젊은 여성은 연인을 만나기 위해, 남성은 동네 술집에서의 한때를 위해 자주 규칙을 어겼다.

에릭 혼이 남작 가문에서 제2 풋맨으로 일하던 어느 밤의 일이다. 소등 후 하급 남성 사용인들이 다 같이 수위실에 가서 트럼프 놀이를 즐겁게 하고 있었다. 시간 가는 줄 모르고 놀고 있는데, 뒷문을 잠그기 위해 복도를 돌아다니는 집사의 기척이 들렸다. 재빨리 가스등 불을 끄고 일제히 숨었다.

> 「하급 집사는 침대 아래로 기어 들어갔다. 그는 키가 조금 작고 살집이 있는 남자였다. 제1 풋맨과 나는 같이 침대로 들어가 시트를 머리끝까지 뒤집어썼다. 하급 집사가 끙끙거렸다. "내려가, 내려가라고! 압사할 것 같아!" 우리 두 사람의 체중으로 인해 침대가 푹 꺼지면서 그의 몸을 짓눌렀던 것이다. 다른 사람들은 뿔뿔이 흩어져서 찬장 안 같은 곳에 몸을 숨기고 생쥐처럼 숨죽이고 있었다.
> 　문은 하나밖에 없었고, 그 너머에는 집사가 서 있었다. 아마 그는 문 앞에 서서 잠시 귀를 기울었을 것이다. 잠시 후 집사는 자리를 떠났다. 만약 그가 문을 열었다면 어떻게 됐을까? 그것은 신

🖎 (왼쪽)20세기 초에 일대 탁구 붐이 일었다. 아래층 사용인들도 프라이팬과 과일로 탁구(?)를 한 것일까? 『펀치』 1901년 11월 13일.

🖎 (오른쪽)해변 휴양지에서. 너스 「수영 안 할 거야?」 풋맨 찰스 「안 해요. 뒷머리를 고정시켜놔서 말이죠.」머리 분으로 세팅한 머리를 망가뜨리고 싶지 않았다. 『펀치』 1873년 8월 16일.

민이 아리라. 분명 볼 만한 광경이었을 것이다. 풋맨 두 사람은 제복 차림에 머리 분을 바른 채 침대에 들어가 있고, 하급 집사는 침대 아래에서 하얀 스타킹을 신은 다리를 쑥 내밀고 있었다.」

이때는 어떻게 벗어났다. 그렇지만 늘 그렇게 운이 좋을 수는 없다. 소등 후, 남성 일곱 명이 에릭의 방에 모여 장난을 치다가 베개 싸움으로 발전된 적도 있었다.

「베개탄이 작렬하고 방 안 가득 깃털이 날아다니던 그때, 문이 열렸다. 문 앞에는 '대머리 악마 남작'이라는 별명으로 불리던 주인이 은촛대를 들고 서 있었다.」

이튿날 10시, 서재로 전원을 호출한 「대머리 악마 남작」은 처벌을 내렸다. 하급 집사는 엄중 주의. 제1 풋맨은 해고. 에릭에게도 주의. 하급 정원사들은 저택 내 출입금지를 당했다. 집사도 관리 소홀로 호되게 질책을 받았다고 한다.

부하의 사생활 관리
풋맨이었던 시절에는 동료와 온갖 소동을 일으켰어도, 집사로 승진하면 주위와는 거리를 두고 부하를 「통치할」 책임을 지게 된다.
집사가 되고 풋맨 두 사람을 부하로 둔 에릭 혼은 한 번은 통금을 어겨도 봐주기로 했다. 경고를 했는데도 개선되지 않으면 가차 없이 문을 잠그고 추운 날씨에 내쫓았다. 처벌을 받은 사용인이 앙심을 품고서 폭력을 휘두르려고 하면, 엄하게 대처한 뒤 주인에게 보고하여 해고 절차를 밟았다.

문단속을 철저히 하여 주인의 재산을 지키는 일은 집사의 중요한 책무다. 부하가 규칙을 지키지 않아서 그 책무를 수행하지 못하면, 무능하다는 낙인이 찍혀서 자신의 입장이 위태로워진다. 누군가를 관리하는 지위에 오르고 나서야 비로소 이해한 것도 있었던 것이다.

보이나 풋맨은 대부분 10대 초반에서 20대 사이의 젊은이였다. 모이기만 하면 바보 같은 짓을 벌이고 반발심을 불태우며, 헛된 노력에 심혈을 기울이기도 한다. 조지 워싱턴은 풋맨이었던 시절, 집사의 엄한 감시를 피하기 위해 한 가지 꾀를 생각해냈다.

「집사는 교활하고 짜증나는 사람이었습니다. 집사의 사무실은 정면 현관 근처에 있었습니다. 그는 그곳에서 작업실로 이동할 때, 우리가 발소리를 듣고 준비한다는 것을 알고 있었습니다. 그래서 이따금씩 부츠를 벗고 스타킹만 신은 채 살금살금 걸었습니다. 우리가 무슨 나쁜 짓이라도 하는 것을 아닐까 예상하면서. 어쩌면 진짜 그러기를 바랐을지도 모르겠습니다. 그렇지만 얼마 동안은 그의 눈을 피하는 데 성공했습니다. 사무실 밖에 깔아놓은 러그 밑에 벗겨질락 말락 한 타일이 한 장 있었습니다. 저는 거기에다 작업실까지 이어지는 와이어를 연결

하여 그가 방에서 나오면 바로 벨이 울려서 경고를 하게끔 만들
어둔 것입니다. 그 장치가 들킨 날을 생각하면 지금도 엉덩이가
얼얼하게 아파 올 정도죠.」

말 그대로 고양이 목에 방울을 달아보았지만 우쭐하다가 된통
당한 상황이라고 볼 수 있다.

식사 자리의 예절

식사 자리도 남녀에 따라, 담당 업무에 따라, 그리고 지위에 따
라 각각 나뉘었다. 중간까지는 한 방에 모여 먹지만, 디저트는 여
러 집단으로 나뉘어서 먹는 집도 많았다.

어니스트 킹은 1900년대 초에 홀 보이 일을 하기 시작했다. 사
용인의 식사 시간 5분 전에 벨을 울려서 알리는 것이 그의 일이었
다. 시간이 지나면 문이 닫히고, 상급 사용인이 방을 나갈 때까지
는 아무도 들어올 수 없었다. 모든 사람이 자리에 앉으면, 집사가
일어나 식전 기도를 드렸다.

「우리는 침묵 속에서 식사를 했다. 사용인 대표들이 메인 디
시를 다 먹으면 다른 사람들도 즉시 나이프와 포크를 내려놓았
고, 집사는 다시 일어서서 식후 기도를 드렸다. 그러고 나서 내
가 문을 열면 사용인 대표들, 다시 말해 집사, 가정부, 레이디스
메이드는 가정부의 방으로 이동한다. 그 방 테이블에는 내가 미

드 위치펠드가의 인원 구성

관리인 방의 멤버		사용인 홀의 멤버	
관리인	1명	하급 집사	2명
레이디스메이드	2명	풋맨	6명
수석 리넨메이드	2명	잡역부	2명
시종(어니스트 킹)	1명	파출부	8명
수석 운전수	2명	론드리메이드	8명
		홀 보이	1명
		하급 운전수	2명

때에 따라 20~30명의 손님이 데려 온 시종이나 레이디스메이드가 추가된다.
때에 따라 부인의 주치의와 그 아내인 모크 부부가 추가된다.

때에 따라 인원은 늘기도 하고 줄기도 하는데, 손님과 함께 온 운전수들이 추가된다.

바스 후작가의 저택 「롱리트」의 인원 구성(1901년경)

저택 관리인	1명	너스	1명
집사	1명	너스메이드	1명
하급 집사	1명	하우스메이드	8명
그룸 오브 체임버	1명	재봉 담당 메이드	2명
시종	1명	스틸룸메이드	2명
풋맨	3명	론드리메이드	6명
관리인실 직속 풋맨	1명	주방장	1명
잡역부	2명	키친메이드	2명
작업실 소속 보이	2명	채소 담당 메이드	1명
램프 보이	1명	스컬러리 메이드	1명
가정부	1명	청소 담당 파출부	1명
레이디스메이드	2명		

리 식후에 먹을 달콤한 과자를 준비해두었다. 상층 만찬실에서는 아마도 그것을 전부 '푸딩Pudding'이라 부를 것이다. 그렇지만 아랫사람들에게는 그저 '스위츠Sweets'였다. 그 후로 당연히 침을 튀겨가며 수다가 시작되었다. 왜냐하면 상급 사용인들이 나가기 전까지 말단 그룹, 즉 하급 풋맨, 잡역부, 홀 보이인 나, 하우스메이드와 론드리메이드Laundry maid는 한 마디도 떠들 수가 없었기 때문이다.」

이 직장의 실내 사용인은 다 합쳐서 13명. 이 인원이 메인 디시를 먹은 뒤「상급」과「말단」이 두 집단으로 나뉘는 것이다. 상급 사용인을「헤드 서번트Head Servant」,「시니어 서번트Senior Servant」,「어퍼 서번트Upper Servant」라고 부르는데, 어떻게 부르든 같은 의미라고 생각하면 된다.

인원이 별로 많지 않은 집에서는 상급, 하급 정도로 단순하게 구분한다. 그러나 집의 규모가 크면 클수록 인원 편성은 복잡해지고, 신분 피라미드는 더욱 두드러진다. 상급 사용인으로서 가정부 방에 초대되어 다른 메뉴를 먹는다는 것은 출세의 증거였다. 하급 사용인들은 이 가정부의 방을「퍼그의 응접실Pug's Parlour」이라고 불렀다. 언제 어디서 시작된 호칭인지는 모른다. 그렇지만「말단」의 눈으로 본 여성 상사의 권세를 느낄 수 있는 이름이다.

제1차 세계대전 이후 출세를 한 어니스트 킹은 드 위치펠드 가문의 시종이 되었다. 안주인은「세상에서 가장 부유한 여성 중 한

안주인 「만찬에서 주인이 재미있는 이야기를 해도 끼어들거나 웃으면 안 되네.」 새로 온 집사 「당연하지요. 마님. 사용인 홀에서 주인님 이야기를 했더니 동료들도 그렇게 말하던 걸요.」 위층의 이야기는 아랫사람들에게 전부 샜고. 아래층은 아래층끼리 웃고 즐겼다. 「펀치」 1922년 4월 12일.

사람」이라는 말을 듣는 대부호였다. 관리인이 정점에 선 대규모 가구에서 실내 사용인은 두 그룹으로 나뉘었다.

하우스메이드가 10명 있었지만 이 집에서는 그녀들 전용 방에서 식사를 했기 때문에 명단에는 빠져 있다. 그리고 프랑스인 주방장과 키친메이드는 주방에서 식사를 했다. 손님이 36명 방문했을 때, 데리고 온 사용인이 모인다면 총 인원은 80명에서 90명까지도 되었다고 한다.

계절에 따라, 행사에 따라 식사 자리에 모이는 사용인의 수는 늘었다가 줄었다가 했다. 풋맨과 마부, 운전수가 되어 사교에 열심인 여주인을 따라다니면, 다양한 저택을 방문하고 많은 동업자와 교류할 수 있었다.

평소 사복을 입던 상급 사용인들은 손님의 사용인이 참석하는 오찬에서는 정장을 입어야 했다. 남성은 연미복이나 디너 재킷. 레이디스메이드나 가정부는 정장용 블라우스, 검은색 실크 원피스 등을 입었다. 거기에 레이스나 온갖 액세서리로 장식하고 자리에 앉았다.

때에 따라 인원은 늘기도 하고 줄기도 하는데, 손님과 함께 온 운전수들이 추가되었다.

아래층의 상하 관계

식탁을 둘러싼 사용인의 숫자가 늘면 또 다른 문제도 생겼다. 보이가 상사의 방에서 시중을 들고 있는 동안, 사용인 홀에서는 다른 하급 사용인이 식사를 한다. 일을 마치고 홀로 돌아가니 자신의 몫이 남아 있지 않은 것이다. 조지 워싱턴이 백작가의 관리인실 소속 보이로 일하고 있을 때의 경험이다.

「살기 위해 저는 스틸룸에서 빵을 훔친 뒤 화장실로 들어가 문을 잠그고 걸신들린 것처럼 먹었습니다. 어느 날, 관리인 방에서 먹음직스런 요크 햄을 발견한 적이 있었습니다. 유혹에 못 이겨 얇게 두 조각 썬 뒤 바깥에 있는 싱크대의 나무 덮개 아래에 숨었는데, 마침 그곳에 나온 집사 미스터 페티트가 제 행농을 보고 말았습니다. 그는 불같이 화를 냈습니다. "대체 무슨 짓이냐, 이 애송이 자식!" 저는 그때 올리버 트위스트의 심정을 이해했습니다.」

그러나 뜻밖에도 디킨스의 소설 속 악역과는 달리 이 집사는 의외로 다정하게 이야기를 들어줬다. 어떠한 상황에서도 도둑질은

🍃 (위쪽)버튼즈(페이지보이) 「죄송합니다. 마님. 하지만 요리사가 테이블을 정리하라고 해서….」 그리고 가능한 한 빨리 그 명령을 수행하려고 했지만. 「펀치」 20세기 초.

🍃 (아래쪽)점심 식사 시중을 드는 집사 「스테이크가 질기십니까, 주인마님? (잠시 뜸을 들인 뒤) 저희는 아주 부드러운 양의 다리를 받아놓았는데…… 사용인 홀에서 조금 가져올까요?」 「펀치」 1873년 8월 9일.

안 되다고 설교는 들었지만, 그 후 조지 워싱턴은 자신의 몫으로 따로 챙겨놓은 따뜻한 음식을 먹을 수 있었다. 게다가 집사는 시중이 끝나면 가끔씩 남은 고기를 한두 조각 잘라서 먹으라고 하기도 했다. 이렇게 해서 그는 「두 세계의 가장 좋은 부분을 손에 넣을 수가 있었다」고 회상하고 있다.

「부유한 자」와 「빈곤한 자」에도 속하지 않는 계급을 가리켜 디즈레일리Disraeli의 소설 『시빌Sybil』(1845)에서 인용하여 「두 개의 국민Two Nations」이라고 부르기도 한다. 그렇지만 그 두 나라의 더 깊은 곳까지 파고들면 「빈곤한 자」로 분류되는 가사 사용인 사이에도 또 계급 사회가 존재하는 것을 볼 수 있다.

포틀랜드 공작의 본거지인 「웰벡 애비」에서 상급 사용인은 「어퍼 텐Upper Ten」, 하급 사용인은 「로어 파이브Lower Five」이라고 불렀다.

이 집의 상급 그룹에는 저택 관리인, 와인 담당 집사, 하급 집사, 그룹 오브 체임버, 공작의 시종, 가정부, 수석 하우스메이드, 레이디 스메이드 두 명, 추가로 체류 중인 손님의 시종과 메이드가 포함되었다. 어퍼 텐과 로어 파이브는 「서로 교류하지 않았는데, 어쩌면 그 선은 자신들이 모시고 있는 사람보다 더 엄격했다」고 한다.

　음식도 사용하는 식기도 상급 사용인 쪽이 더 호화로웠다. 하급 사용인에게는 맥주가 나왔지만, 관리인 방이나 가정부 방에는 각종 와인이 나왔다. 디저트가 다르거나 여분을 더 주는 집도 있었다. 애초에 칼로리를 소비하는 육체노동은 말단인 보이나 메이드 담당인데, 피로가 풀릴 만한 특별한 메뉴와 맛있는 술은 상급 사용인의 특권이었던 것이다. 생활의 여러 면에서 상급 사용인과 하급 사용인 사이에는 차이가 있었다. 그 대우의 차이는 조금이라도 빨리 「퍼그의 응접실」로 올라가기 위해 노력하는 「포상」으로서 작용했으리라 추측해본다.

　집사와 저택 관리인은 그런 상급 사용인들 중에서도 정점에 선 존재였다.

남성과 여성의 세력 다툼

　지금껏 봤듯이 유능하거나 주인의 눈에 띄어서 10대나 20대에 집사 자리까지 오른 예가 아예 없지는 않았다. 그렇게 되면 자신보다 나이가 많은 사람들을 부하로 거느리게 된다. 게다가 아무리

연륜이 많은 중년 집사라 해도 옮긴 직장에서 고참 사용인이 권력을 잡고 놓아주지 않는 경우도 있었다. 그중에서도 집사의 골칫거리가 되기 쉬운 대상은 요리사와 가정부, 레이디스메이드, 유모와 같이 안주인과 유대가 깊은 상급 여성 사용인들이었다.

남성 사용인은 남성 주인을 따르고, 여성 사용인은 여성 주인을 따르는 것이 기본적인 명령 라인이다. 안주인이 요리, 손님 접대, 육아 등 가정에 깊은 관심을 가지고 담당 여성 사용인과 긴밀한 관계를 쌓을 경우, 남성에게 불편한 상황이 생기기 쉬웠다. 안주인이라는 든든한 뒷배를 얻은 유모나 가정부가 다른 집에서는 집사의 권한이라 여길 만한 일에도 간섭을 했기 때문이다.

어니스트 킹은 엘리자베스 2세 여왕이 아직 즉위하지 않았을 당시 그녀의 신혼집에 채용되었다. 왕실 관리인이라는, 말하자면 남성 실내 사용인으로서 가장 높은 곳에 이르렀지만, 결국 위에서 말한 문제로 인해 쓰라린 경험을 하게 된다. 엘리자베스에게는 미스 맥도널드Mcdonald라는 전설적인 레이디스메이드가 곁에 있었다. 왕실 소속 사용인으로서의 정식 직책은 「의상 담당Dresser」. 여왕이 소녀일 때 보모로 채용되었으며, 여왕의 성장과 함께 보직을 변경하면서 쭉 곁에서 모시던 여성이었다.

미스 맥도널드는 여왕을 향한 충심이 깊은 나머지 관리인을 경시하고 모든 국면에서 자신의 의견을 밀어붙이려고 했다. 예를 들어 경비 절감을 위해 사용인 전용 신문을 끊었더니, 그녀는 어니스트 킹을 무시하고 직접 나서서 관습을 부활시켰다. 그 밖에도 귀

🖎 (왼쪽) 「이보게, 알렉산더. 제대로 된 치즈를 먹고 싶으면 직접 가서 사오라는 건가?」 「무슨 말씀인지 모르겠습니다, 주인님. 저는 치즈를 먹지 않아서요.」 「펀치」 1922년 10월 25일.
🖎 (오른쪽) 안주인 「스미더스, 어째서 매일 5실링이나 식비가 더 드는 거지?」 스미더스 「하급 사용인들이 돼지고기만 먹고 싶어 하고, 저는… 다른 곳에서 식사를 해도 되는 위치인 줄 알았습니다.」 사용인의 계급의식. 「펀치」 1865년 3월 11일.

빈의 사용인에게는 포트와인이나 셰리와인을 대접해야 한다고 주장하거나, 급여를 받을 때 관리인에게서 현금만 덜렁 받는 것은 싫다고 에둘러 표명하는 등 절약을 의도한 그와 끊임없이 충돌했다. 종국에는 사용인 홀에 꽃이 장식되어 있지 않다는, 관리인과는 아무런 연관도 없는 일로 불평을 듣는 지경에까지 이르렀고, 마침내 어니스트 킹의 인내심은 한계에 달하고 말았다.

욱하는 마음에 「이런 웃기지도 않는 일이 계속되면 해고가 되어도 상관없다」고 강하게 말했지만, 정말로 그만둘 생각은 없었다. 하지만 신임이 두터운 레이디스메이드의 입김에 머지않아 그는 「나쁜 소식」을 통보받게 된다. 해고는 불운이기는 했으나 인사평가에 흠집이 생기지는 않아서 불행 중 다행으로 곧 다른 일자리를 찾을 수 있었다.

한편, 미스 맥도널드는 그 후에도 계속 여왕의 곁에 머물렀다.

1992년에 89세의 나이로 세상을 뜰 때까지 「메이드라기보다는 우정을 나눈 친구, 동반자」였다고 한다. 아무래도 싸울 상대를 잘못 골랐다고 할 수 있을 것이다.

여자들의 전쟁에 휘말려…

충돌은 여성 사용인 사이에서도 일어났다. 여성 사용인이 더 많았기에 오히려 그쪽이 빈번했을지도 모른다. 에드윈 리는 집사가 된 지 얼마 안 돼 유모와 가정부의 싸움에 휘말려 고생했다. 후계자 양육을 담당하는 유모의 권한은 굉장히 강해서 「집 안에서 그녀보다 강한 힘을 가진 사람은 안주인인 애스터 부인뿐」인 상황이었다.

* (위쪽)레이디는 충실한 시녀에게 부지런히 시중을 받는다.
* (아래쪽)신사는 클럽에 가면 잘 훈련된 사용인의 시중을 받는다. 「왜 그들은 결혼하지 않는가」라는 부제가 붙은 일러스트 세트 중 하나. 「펀치」 1861년 7월 13일.

어느 날, 아이 방 서랍에서 머리카락 몇 가닥을 발견한 유모는 가정부를 불러서 전부 다시 청소하라고 명령했다. 정황상 유모가 일부러 넣은 것처럼 보이기도 했다.

그럼에도 안주인은 유모의 편을 들며 가정부를 내보내라고 말했다. 수석 하우스메이드의 능력을 높이 사서 가정부로 승진시킨 것은 에드워드 리 본인이었기에 조금만 더 신중하게 조사하자고 진언했다. 그러나 부인은 「만약 조사해서 가정부에게 죄가 없다는 것이 밝혀져도 유모 기번스와 잘 지내지 못한다면 내보내야 하는 것은 마찬가지야.」라고 말할 뿐이었다. 그 말을 듣고 그는 「포기」를 했다.

　　「이런 부류의 여성이 펼치는 논리는 반박해봤자 소용없습니다. 별것 아닌 일이라 생각할지도 모르지만, 이런 것은 몇 배나 부풀어서 사용인들에게 악감정을 불러일으킵니다.」

　육아 시기가 지나면 유모가 할 일은 없어진다. 고용주의 호의로 그냥 계속 지내도 예전의 권력은 잃는다. 그러면 나중에 온 사용인은 그저 사랑과 존경을 받는 동거인으로 여기게 된다. 집사가 두 손을 듦으로써 시간이 해결해줬을지도 모른다.

　이 책은 집사의 발언을 중심으로 구성되어 있다. 하지만 만약 동일한 사건에 대해 여성 사용인에게도 이야기를 들을 수 있었다면 상황은 또 다르게 보였을 것이다. 실제로 집사의

「나이는 솔직하게 신고해야 한다.」 사용인 인구 조사를 기록하는 것은 가장의 역할. 전국의 조사 결과를 종합해보면 가사 사용인 중에서는 여성의 수가 현저히 많았다. 조지 R. 심즈 편 『런던 생활』(1902년)에서.

회고록을 읽어보면, 「여자의 말은 논리가 없다」, 「여자가 남자 위에 서려고 하니까 문제가 일어난다」와 같은 남성 우위의 사고방식이 느껴지는 경우가 많다. 그들이 현역에서 일하던 약 100년 전 영국에서부터 현대에 이르기까지, 남녀의 모습이 얼마나 변화했는지를 염두에 두어야 한다.

인원수로 보자면 가사 사용인의 세계에서 우세한 것은 여성이었다. 그러나 규모가 큰 저택에서는 집사와 같은 남성이 권력을 가졌다. 우위에 서기는 했지만 수적으로는 소수파였던 그들은 집안일을 운영하면서 기록에 남은 것보다 더 많은 고생을 한 것이 아닐까.

실제로 받았던 급료는?

이쯤에서 생활을 구성하는 중요한 요소인 돈에 대해서 살펴보자. 영국에서는 1파운드=100펜스로 개정된 1971년 전까지 십진법이 아닌 특수한 통화 단위를 사용했다. 1파운드=21실링이라는 옛 단위도 있으며, 페니 아래로 1페니=4파딩이라는 동전도 있었다.

지급 주기는 시기나 집안 사정에 따라 다르지만, 사분기마다, 혹은 한 달마다 지급하는 것이 일반적이었다. 보통은 현금으로 지급하지만 수표 지급을 채용하는 곳도 있었다.

프레더릭 고스트의 말에 따르면 20세기 초, 왕실 풋맨은 버킹엄 궁전에서 수표로 급료를 받았다. 가로 8인치, 세로 12인치로 현대의 A4 용지 정도의 크기에 정교한 조판 세공이 인쇄되어 있어서 「굳이 따지자면 무슨 증서나 법률 문서처럼 보였다」고 한다.

급료 금액은 사용인마다 차이가 컸다. 일례로 1880년에 발간된 『사용인 실용 가이드』가 제안하는 급료 일람을 소개하겠다.

그 전에 이것은 어디까지나 당시의 지침서이며, 실제 인원 구성이 아니라는 점에 주의가 필요하다. 비교를 위해 여성 사용인의 급여도 같이 게재하지만 여성 사용인의 생활에 대해서는 『영국 메이드의 일상』을 참조하기 바란다.

남성 사용인이 여성 사용인보다 급여가 높다. 그리고 쉽게 얻을 수 없는 기술이나 경험을 갖춘 상급직의 급료는 더 높았다. 대저택에서 급료를 가장 많이 받는 것은 남성 요리사이며, 관리인과 집사가 그 뒤를 이었다. 「남성」이라는 수식어가 없으면 요리사는 대부분 여성이었으며, 「전문 요리사」란 상류 가정의 파티 요리를 만들 수 있는 기술을 가진 요리사를 가리켰다. 「중급 요리사」는 그런 특별한 기술이 없는 중류 가정의 요리사를 뜻한다. 기술과 성별의 차이가 보수에 크게 반영되었던 것을 알 수 있다.

귀족이나 지주의 저택이 소규모 중류 계급의 가정보다 급료가 높았다. 나이나 경험, 또는 주인의 개인적인 감정에 따라 급료의 액수는 크게 변동됐다. 에릭 혼은 「경」이라는 칭호를 가진 주인을 모셨던 시종 시절에 100파운드와 기타 수당을 받았다. 프레더릭 고스트도 1900년대 초, 왕실 풋맨으로 채용되었을 때 앞서 말한 A4용지 크기의 수표로 연봉 100파운드를 받았다.

가사 사용인 중에서는 이례적으로 많은 급료였는데, 다른 세계

1880년 발간 『사용인 실용 가이드』가 제안하는 사용인 급료 일람

(연액, 단위는 파운드)

저택 관리인	50~80		키친메이드(1인 근무)	18~24
그룸 오브 체임버	40~50		스컬러리메이드	12~18
집사	50~80		스틸룸메이드	10~14
시종	30~50		수석 하우스메이드	20~30
남성 요리사	100~150		제2 하우스메이드	14~20
하급 집사 또는 수석 풋맨	28~32		제3 하우스메이드	12~18
하급 풋맨	14~20		하우스메이드(1인 근무)	12~18
마부	25~60		레이디스메이드	20~30
제2 마부	20~35		어린 레이디 담당 레이디스메이드	14~25
수석 말구종	18~25		보모장	20~25
하급 말구종	14~20		하급 보모	14~18
페이지보이	7~12		아이 방 담당 메이드	10~14
관리인실 소속 보이, 또는 사용인 홀 소속 보이	6~8		공부 방 담당 메이드	10~14
가정부	30~50		수석 론드리메이드	18~25
전문 요리사	50~70		제2 론드리메이드	16~20
중급 요리사	16~30		제3 론드리메이드	12~16
수석 키친메이드	20~28		론드리메이드(1인 근무)	18~25
제2 키친메이드	14~22		데일리메이드	14~20

와 비교했을 때 100파운드라는 금액은 과연 어느 정도였을까.

먼저 포틀랜드 공작의 수입을 보자면, 시기는 조금 다르지만 1876년에 토지 임대만으로 6만 8,935파운드의 수입을 거뒀다. 빅토리아 시대의 귀족이나 부유한 기업가의 수입은 약 2만 파운드 이상, 상류 계급에 속하는 지주의 최저 수입은 1,000파운드 정도로 추정된다.

중류 계급의 경우에는 귀족 수준의 높은 수입을 올리는 이부터 수입이 변변치 못한 이까지 넓게 분포되어 있었는데, 하층 중류 계급의 경계선은 150에서 300파운드 정도였다.

예를 들어 영국 성공회의 어느 부목사가 1905년에 결혼했는데, 당시 한 해 수입은 120파운드였다. 그럼에도 상주 메이드를 연봉 12파운드에 딱 한 명 고용했다. 약 100년 전 영국에서는 이 정도가 가까스로 중류 계급이라 인정받는 하한선이었던 것이다.

왕실 풋맨이나 권세가 있는 상류 계급의 시종은 가사 사용인이라는 직업 전체로 보자면 정상급 존재였다. 수입만 놓고 봤을 때에는 연봉 100파운드에 나중에 설명할 각종 수당과 팁을 더하면 거의 중류 계급인 「신사」 신분과도 비등한 위치였다.

제복의 지급

앞서 본 급료 일람에는 「하급 집사」부터 「페이지보이」까지의 남성 사용인에게 직책에 따라 한 해에 제복 두세 벌, 또는 업무용 정장을 지급하라는 글이 추가로 쓰여 있다. 홀 보이로 취직한 사람이 어두운 색깔 정장을 지급받았다는 증언도 있다. 해마다 새 옷을 받는 것은 하급 남성 사용인의 권리로 정착되었다.

고든 그리메트가 제1차 세계대전 후 애스터가의 제2 풋맨에 응모했을 때의 일이다. 먼저 집사와 면접을 하고 그 다음으로 안주인과 짧게 대화를 나눈 뒤 무사히 채용이 결정되었다. 급료는 연봉 32파운드. 거기에 맥주 값과 세탁비로 일주일마다 2실링 6펜스를 지급받게 되었다. 그 뒤, 매독스Maddox 거리에 있는 로버트 리리코라는 양복점에 가서 제복 치수를 재고 오라는 지시를 받는다. 고든은 집사 에드윈 리에게 물었다.

「"모닝수트의 무늬는 고를 수 있습니까? 무조건 '페퍼 앤드 솔트Pepper And Salt'입니까?"

이것은 당시 풋맨들이 쓰던 용어로, 회색과 흰색이 섞인 핀

§ 요크York의 도심부에 위치한 「재무장관 저택Treasurer's House」에서. 주인인 그린Green과 사용인들. 1920년대.

헤드Pin head, 핀 머리를 빽빽이 늘어놓은 듯한 무늬 패틴의 옷감을 말합니다. 많은 집에서 고용된 재단사에게 남성 사용인의 옷을 이것으로 만들라고 합니다. 그럴 듯하게 보이도록. 다시 말해 누가 봐도 사용인의 옷임을 알 수 있는 무늬인 것입니다.

"다른 이유가 있다면 원하는 무늬를 골라도 되네."라고 미스터 리는 중립적인 태도로 말했습니다.」

지정된 양복점에서 치수를 잰 고든은 리리코에게 귓속말로 제안을 받았다.

「"이봐요, 당신. 긴 제복 바지 안에 입는 울로 만든 긴 내복은 어쩔 건가요? 우리 집에서는 정장 한 벌당 한 개씩 주고 있어요. 하지만 만약 다른 풋맨들처럼 필요 없다고 한다면 지금 아래로

🖋 서퍽Suffolk에 위치한 「콜럼바인 홀Columbine Hall」의 사용인. 톱이나 체, 톱니바퀴 등 자신의 업무와 관련된 도구를 손에 들고 있다. 1860년경.

내려가 봐요. 동생이 작은 선물을 줄 거예요."

'아래'로 내려가니, 그곳은 재단실이었습니다. 리리코 씨의 동생인 밥이 작업 책상 앞에 앉아 있었고, 저처럼 제복 치수를 재러 온 남자 세 명이 그를 에워싸고 있었습니다. 사람들은 모두 잔을 들고 있었습니다. 리리코 씨의 동생은 저를 맞이하면 이렇게 말했습니다.

"이야, 말도 안 되는 바지는 필요 없다는 사람이 또 한 명 온 모양이군. 자자, 와서 한 잔 받지 그래."」

즉 이 양복점은 「말도 안 되는 바지」가 포함된 정가를 주인에게 청구하지만 실제로는 상품을 주지 않고 그보다 저렴한 술 한 잔을 풋맨에게 줌으로써 차액만큼 이익을 챙겼던 것이다. 애당초 풋맨

🦢 (가장 왼쪽)꼬리가 짧은 실내용 풋맨 제복(코티). 1908년.
🦢 (왼쪽 두번째)마부용 박스코트. 1908년.
🦢 (왼쪽 세번째)마부가 입는 짧은 프록코트. 1908년.
🦢 (왼쪽 네번째)1908년 백화점 「해러즈」의 카탈로그에서. 풋맨이 입는 오버코트(박스코트).

의 제복은 반바지가 정장이었다. 실크 스타킹에 감싸인 종아리 모
양을 자랑해야 하는데 「울 소재의 긴 내복」이란 것은 말 그대로 있
으나 마나 한 물건이었다.

이처럼 업자와 결탁하여 고용주의 눈을 속이고 약간의 이익을
얻는 일은 일상적으로 일어났다. 받아들이기 힘든 「범죄」와 마지
못해 인정을 받는 「부수입」. 그 경계선은 모호했다.

신사숙녀를 위한 팁 매뉴얼

18세기경까지 영국에서는 간혹 사용인에게 고액의 금품을 주는
문화가 있었는데, 이것을 「베일Vail」이라고 불렀다. 아침식사, 티타
임, 만찬 때 시중을 든 사람들에게 수고한 정도에 따라 돈을 주었

다. 트럼프 놀이에 쓸 카드를 가지고 온 것만으로도 돈을 주었다. 체류 중 대접을 받았다면 체류 기간과 사용인의 서열을 고려하여 마찬가지로 돈을 줘야 했다. 손님이 돌아가려고 하면 사용인들은 홀이나 현관 앞에 양 열로 나란히 서서 기다렸다. 그들 앞을 지나 갈 때 웃는 얼굴로 지나가는 것은 사실상 불가능한 일이었다.

사용인에게 거금을 주는 「팁」 문화는 세간의 비판 속에서 점차 시들해져 갔다. 19세기에는 「배웅 행렬」도 하지 않았던 듯하다. 그래도 집에서 묵는 동안 보살펴준 사용인에게 얼마간의 돈을 주는 문화는 남아 있었다.

팁을 줘야 할까, 주지 말아야 할까. 언제, 얼마를 주면 될까. 팁 문화가 없는 나라에 사는 현대인이 외국 여행을 갔을 때처럼 상류 층 대저택에 익숙지 않은 사람들은 골머리를 앓았다. 1910년에 발표된 가사 백과사전 『여성 모두의 백과사전』에 의하면, 팁 금액은 물가와 함께 계속해서 올랐고, 「엽총 사냥 파티를 개최한 집에 열흘 간 머물면 팁으로 쓰는 돈은 거의 5파운드 정도였다」고 한다.

이 책에서는 유복한 상류 계급의 남성이 동격의 집에서 머물렀을 경우, 금액을 아래와 같이 주는 것을 권장하고 있다.

「며칠 동안 머물면 집사는 1소버린1파운드을 기대하고 있을 것입니다. 자동차를 여러 번 탔다면 운전수에게는 1/2소버린10실링 이상은 줘야 합니다. 다만, 역에서 집까지 오갔을 뿐이라면 1/2크라운 은화 한 닢2실링 6펜스으로 충분합니다. 여성 체류

🎵 (왼쪽)「이것 좀 보시게! 진짜 신사가 맞나 의심했네! 1/2크라운밖에 주지 않다니!」팁 액수가 불만인 사냥터 관리인.「펀치」1882년 9월 2일.

🎵 (오른쪽)극장 앞에서 주인, 안주인을 기다리는 남성 사용인들.「오랜만에 보네?」「우리 주인이 이번에는 극장 박스석을 확보하지 못했거든. 다이아몬드 주빌리Diamond Jubilee, 군주의 즉위 60주년 기념 퍼레이드를 볼 자리를 잡느라 어마어마한 돈을 써서 말이야.」그렇지만 허세 때문에 사용인을 고용하는 비용은 절약할 수 없는 모습.「펀치」1897년 6월 12일.

> 객의 경우도 마찬가지입니다. 주말 체류를 기준으로, 자신의 방
> 을 담당한 메이드에게는 5실링, 출발할 때 짐을 들어준 풋맨이
> 나 팔러메이드에게는 1/2크라운을 주면 됩니다.」

전면적으로 팁을 금지한 집도 있었는데, 그 경우에는 다른 대우 조건이 좋아야 했다. 사용인은 자신에게 당연한 권리라 여기는 팁을 받지 못한다면 미련 없이 다른 곳으로 이직을 해버렸기 때문이다.

팁도 한밑천

지금까지 본 내용은 대부분 고용주의 시점에서 쓴 비평 기사나 가사 매뉴얼에 의존한 것이다. 그렇다면 사용인의 입장에서 본 팁이란 어떠한 것이었을까.

머리 분을 강제로 바르게 하는 것이 싫어서 사직 예고를 하는 풋맨. 「그 분을 바르면 안색이 안 좋아 보인다고요.」 「내 안색과는 상관없지. 뭐, 일단 물러가 있게.」 『펀치』, 1868년 4월 11일.

윌리엄 랜슬리William Lancely는 1870년, 열여섯 살의 나이로 홀 보이 일을 시작하여 훗날 상류층 가정의 저택 관리인까지 되었다. 그는 첫해에 받은 급료 8파운드를 고스란히 어머니께 드릴 수 있어서 뿌듯했다. 그의 어머니는 받을 수 없다며 2파운드를 돌려줬다. 하지만 윌리엄은 그 돈도 테이블에 슬쩍 올려놓고 일터로 돌아갔다. 팁만으로도 충분히 저축을 할 수 있었기 때문이다.

1940년, 어니스트 킹은 평소 알고 지내던 백작이 담당하는 신문 칼럼에 언급된 적이 있다. 「미스터 킹은 집사들이 꿈꾸는 최고의 직장에서 근무했다. 팁만으로 한해에 600파운드나 벌었다」라고 칼럼에 쓰였지만 실제 금액은 그보다 훨씬 많은 900파운드였다. 그렇지만 절반은 함께 일한 사용인들에게 분배했다. 그렇기에 그가 그 집에서 일한 7년 동안 단 한 명의 풋맨도 그만두지 않았던 것이다.

옛날부터 영국의 남성 사용인은 고액의 팁을 거리낌 없이 요구하기로 악명이 높았다. 물론 앞서 말한 윌리엄 랜슬리나 어니스트 킹이 노골적으로 돈을 요구했다고는 쓰지 않았다. 그렇지만 지금까지 말한 금액을 보면 이래서 악평이 생겼구나 싶은 마음이 든다. 포틀랜드 공작의 저택 「웰벡 애비」에는 이런 이미지를 굳혀줄 만한 풋맨이 있었다.

웰벡 저택에 머물던 아포니 백작이 출발하는 날의 일이다. 그는 헤일즈라는 풋맨에게 1실링을 주고 전신국에 가서 전보를 보내고 오라고 명령했다. 송신을 마친 헤일즈는 은쟁반에 잔돈 6펜스를 올려서 백작에게 내밀었다. 백작은 홀 밖으로 나가려던 참에 「아, 그건 자네가 갖게」하고 말했다. 즉 체류 기간 동안의 팁을 잔돈 6펜스로 해결하려고 했던 것이다.

「"이 돈은 받을 수 없습니다."라며 헤일즈는 6피트 3인치 190.5cm나 되는 몸을 더욱 젖히며 말했다. "아포니 백작님, 이 6펜스는 백작님이 가지십시오. 전보를 한 통 더 보내고 싶어질 수도 있으니까요."

순식간에 얼굴이 빨개진 백작은 할 말을 잃었다. 그는 수머니를 뒤져 1소버린을 찾아내고는 헤일즈에게 주었다.」

※「이 부츠, 어젯밤에 내놓았는데 손도 대지 않았어.」「저런, 지갑도 함께 내놓으셨어야지요.」터무니없는 팁을 요구하는 사용인. 아일랜드에서 온 그림 엽서, 1918년 소인.

1894년에 발행된 에티켓북에도 「큰 저택에서 일하는 남성 사용인은 금화를 받는 것을 당연하게 생각한다」고 쓰여 있다. 금화라면 1파운드, 또는 10실링이다. 하지만 그렇게 팁이 높은 집만 있던 것은 아니었다. 1실링, 1/2크라운, 그중에는 헤일즈가 딱 잘라 거부한 6펜스라도 충분하다고 생각하는 사람도 많았다.

어니스트 킹은 경력 초반에 근무한 집에서 검소한 금액의 팁을 받았다. 다만 팁을 받는 방법이 특이했는데, 고용주에게는 사용인 뒤에서 「갑자기 목덜미에 플로린 은화(2실링) 한 장과 1페니 경화 한 장을 불쑥 내미는」 버릇이 있었다. 어중간한 1페니는 「행운의 징표」라는 당사자의 주장. 괴짜로 유명한 고용주였다.

급료도, 팁도 아닌 「부수입」

기본급 외에 맥주나 머리 분을 사기 위한 돈이 「수당Allowance」으로 지급되기도 했다. 술을 자제하고 밀가루를 머리 분 대신 사용하면 저금을 할 수 있었다.

그러나 고용주가 모르는 곳에서 사용인의 주머니로 들어오는 돈도 있었다. 바로 「부수입」이었다. 저택 내에서 쓰지 않게 된 물건을 중고업자에게 팔아서 돈으로 바꾸는 것이다.

담당 업무의 영역에 따라 얻을 수 있는 물건이 달랐다. 요리사들은 고기의 뼈나 비계를 팔았다. 키친메이드나 스컬러리메이드는 새의 깃털이나 토끼 가죽을, 마부는 낡은 수레바퀴를. 레이디스메이드나 시종은 헌 옷을. 그리고 집사나 보이는 사용하다 만 양초와 빈 와인병으로 용돈을 벌 수 있었다.

조지 워싱턴는 일체스터Ilchester 백작의 저택 「홀랜드 하우스Hol-land House」에서 막 일을 시작했을 무렵, 연인인 메이지와 데이트를 하기 위해 빈 와인병을 팔아 데이트 비용을 만들었다.

「나에게는 홀 보이였기에 챙길 수 있는 부수입이 있었습니다. 젊은 일체스터 경이나 손님이 머물 때, 만찬실에서 마신 와인의 빈병과 코르크를 얻을 수 있었죠. 이 물건들은 중고품으로서 가치가 있었기 때문에 이따금씩 수집가가 방문하여 병은 한 다스에 2, 3펜스 가격으로 사갔습니다. 코르크는 가격이 더 비쌌지요. 이 집에서 내오는 와인은 모두 빈티지 와인Vintage wine, **특별히 풍작이거나 잘 만들어진 해의 와인**이라

코르크에는 연도와 생산지를 표시한 낙인이 찍혀 있었습니다. 풍년일 때 생산된 샴페인, 클라레, 포트와인의 코르크는 5실링 이상. 그럭저럭 좋은 해에 생산된 것은 1실링 6펜스에서 2실링을 받을 수 있었는데, 이렇게 팔린 코르크는 악덕업자에게 다시 팔려 위조 라벨을 붙인 싸구려 병에 쓰이거나 고급 호텔, 레스토랑

1891년에 서머싯Somerset에서 발행된 남성 사용인세 납입증명서. 물가 상승으로 인해 오른 급료와 팁. 거기에 남성 사용인에게는 세금도 들었다. 1인당 연간 15실링. 이 세금은 1937년에 폐지될 때까지 계속되었다.

의 와인 웨이터에게 팔렸습니다. 그렇게 코르크를 사들인 웨이터는 뽑은 코르크를 테이블 한구석에 놓고 와인을 대접하는 호스트에게 보여줬습니다. 즉, 거나하게 취해서 와인을 사는 사람들은 저렴한 와인에 빈티지 와인 값을 지불했던 것입니다. 나는 이렇게 번 돈을 쓰지 않고 모았습니다. 그 덕분에 메이지가 일주일의 휴가 동안 자신의 집에서 같이 보내고 싶다 말했을 때 망설이지 않고 "예스"라 말할 수 있었고, 데이트 비용으로 꽤 많

🐾 마차 문을 열고 기다리는 정장 차림의 풋맨. 『런던 생활』(1902년)에서.

은 돈을 가지고 갈 수 있었습니다.」

대저택에서 일하는 남성 사용인에게는 급료와 더불어 이와 같은 다양한 덤이 붙어 있었다. 손님 앞에 나설 수 있는 위치까지 가면 금전적으로는 풍족한 생활을 할 수 있었다고 볼 수 있다. 그렇다면 갖가지 방법으로 모은 돈이 진가를 발휘하는 휴일이나 쉬는 시간은 어떻게 보냈을지, 다음 장에서 알아보도록 하자.

「식사 수당」 이모저모

고용주가 집을 떠난 기간에 식료품을 사기 위해 지급되는 돈을 「식사 수당」이라 부른다. 이 수당은 희비가 엇갈린 드라마를 만들어냈다.

19세기 말, 찰스 쿠퍼는 호숫가 인근에 위치한 「에덴 홀Eden Hall」의 홀 보이로 채용되었다. 이 집의 주인인 리차드 드 머스그레이브 경Sir Richard de Musgrave이 외국에 가게 되면서 한동안 식사 수당으로 생활한 적이 있었다.

「우리 남성 사용인의 식사는 제1 풋맨이 준비했다. 최대한 싸게 준비하려고 그는 돼지 뱃살을 주문했다. 염장육이라 요리할 때 손이 많이 덜 가리라 생각한 것이다. 고기는 길이가 1야드91.4cm나 되었고, 우리는 그것을 자세히 들추며 확인했지만 역시 돼지고기 뱃살만 있을 뿐이었다. 아마 마지막에는 부서진 정원 돌길을 고치는데 사용되지 않았을까 싶다.」

그는 훗날 슐레스비히-홀슈타인Schleswig-Holstein 공작의 저택 「컴벌랜드 로지 Cumberland Lodge」에서 풋맨으로 일하게 되었다. 이때 사용인은 1년 내내 식사 수당을 지급받았다. 회계와 조리는 부서마다로 나뉘어서 처리했다.

회계와 조리는 부서마다 나눠서 처리했다.

「식사 수당은 주에 15실링으로, 우유와 채소는 지급되었다. 보통 하루에 1실링이면 식재료를 살 수 있기 때문에 우리가 피그 앤 휘슬Pig'n Whistle이라는 집에서 마시기 위한 자금을 충분히 남길 수 있었다. 매주 금요일에 그림즈비에서 바구니에 한 가득 들은 생선을 1/2크라운에 사왔다. 이 것만 있으면 남자 여섯 명이 먹을 점심 식사를 차릴 수 있었다.」

섹시한 풋맨 존 토마스. 「좋은 생각이 났어. 주방장. 양고기나 돼지고기 다릿살은 이제 질렸어. 슬슬 새로운 동물을 발명해도 되지 않을까?」「펀치」1864년 1월 23일.

《 (왼쪽)도싯(Dorset)에서 열린 사냥 대회의 결과. 1927년 사진.
《 (오른쪽)말쑥한 제복 차림으로 사냥개를 데리고서 총에 맞아 죽은 산메추라기를 모으는 사냥터 관리인들. 앨버말Albemarle 백작이 노퍽에서 개최한 엽총 사냥 대회 사진.

한창 먹을 나이인 남자들인데 당연히 채소와 우유, 생선만으로는 부족하다. 할 수 있다면 공짜로 고기를 얻고 싶은 심정이었다. 그래서 풋맨들은 계획을 세웠다.

「어느 날 아침, 코넛Connaught 공인 아서Arthur 왕자가 방문했다. 토끼를 잡으러 사냥터에 온 것이다. 풋맨 한 명이 만약 토끼가 조금 남는다면 우리에게 주실 수 없겠냐며 간청했다.

"알았다. 그대들을 위해 주방에 가져다놓으라고 말해두도록 하지."라고 왕자는 말했다. 하지만 풋맨은 또 다시 간청했다.

"제발 주방에는 보내지 말아주십시오, 전하. 그러시면 저희는 구경도 못 합니다."
그러자 왕자는 웃으며 대답했다.
"좋다. 그러면 작업실에 옮겨놓으라고 말하지."
이렇게 해서 토끼 여섯 마리가 배달되었고, 우리는 이틀 동안 모조리 먹어치웠다.」

이런 식으로 그들은 조금이라도 식비를 줄이고 술값과 저금을 늘리고자 눈물겨운 노력을 반복했다.

제6장
집사의 여가

휴가가 없는 집사들

「힐 씨는 내 여가에 대해 전혀 생각을 하지 않았다.

"내일 휴가를 받아도 될까요, 주인님."하고 내가 묻자, 그는 잠시 생각한 뒤 대답했다.

"내일은 안 되네, 킹. 내일은 포커 파티가 있어. 내일모레 쉬게나. 그날은 아침 일찍 수염을 다듬도록 하지."

그러나 아침 일곱 시에 일어나 아홉 시까지 눈을 말똥말똥하게 뜨고 있던 그는 갑자기 눈을 감더니 자는 척을 하고 말았다. 점심시간 전까지만 나가면 된다고 생각한 것이다. 5년 동안 한 달에 반나절 이상 쉬어본 적이 없었다.」

🔹 (왼쪽)한여름 날의 풋맨. 「이 폭염 속에 마차 밖에 타라니. 아가씨들
 이 우리와 똑같은 자세로 가는 것이 아니라면 절대로 안 가!」 「펀치」
 1868년 7월 25일.
🔹 (오른쪽 상단)사교 시즌의 끝. 녹초가 되어서 메이드들의 보살핌을 받
 고 있는 풋맨. 「펀치」 1847년.
🔹 (오른쪽 하단)손님이 많은 초대 연회에서는 외투 보관을 담당하는 사
 용인들이 눈코 뜰 새 없이 바쁘다. 그 모습을 보고 있던 토미 도련님
 「번호표를 바꿔 달아볼까?」 「펀치」 1885년 3월 21일.

제2차 세계대전이 발발한 직후부터 어니스트 킹이 집사로 모셨
던 필립 힐Philip Hill은 은행업으로 엄청난 부를 축적한 인물이었다.
그는 자신이 높은 보수를 지불하는 만큼 「언제라도, 그 즉시, 버튼
한 번에 달려오는」 서비스를 요구했다고 한다. 아마도 뼛속까지
사업가였던 모양이다.

19세기 말부터 20세기 초에는 사용인에게 일 년에 한 번, 1~2주
정도 「휴가」를 주는 것이 일반적이었다. 그러나 사업하랴 사교에
힘쓰랴 정신없이 바쁜 주인은 휴가도 자기 사정을 최우선으로 생
각하고 줬다.

1930년대, 아서 인치는 버킹엄셔에 위치한 저택 「웨스트 위컴

🜲 (왼쪽)하우스메이드 「제임스! 도서실 벨이 울리는 거 못 들었어?」 제임스 「그냥 놔둬! 도
서실 벨 따위에 누가 반응할 줄 알고? 오늘은 일요일, 외출하는 날이라고. 나는 지금
교회에 있는 거야!」 「펀치」 1863년 7월 11일.

🜲 (오른쪽)스태퍼드셔에 위치한 저택 「셔그버러」에서 1920년대에 일한 풋맨과 잡역부.
담배를 피우고 잡지를 보면서 휴식 중.

파크West Wycombe Park」에서 1인 근무를 하는 풋맨으로 채용되었다.
그는 이 직장에서 15개월을 일하고 나서야 비로소 첫 주말 휴가를
받을 수 있었다. 약 2년이 지나고 요크셔에 살고 있는 가족을 만나
기 위해 휴가의 필요성을 느낀 그는 일을 관둘 결심을 하게 되었다.

  비슷한 시기인 1932년, 「클리브덴」 저택에서도 풋맨 한 명이 퇴
직 의사를 밝혔다. 겨우 두 달밖에 버티지 못했다. 그 시기에 반나
절 휴가 한 번밖에 받지 못했던 것이다. 런던과 클리브덴으로 사
용인이 나뉘는 바람에 초과 근무가 계속되었을 뿐만 아니라 전화
대응에 시간을 뺏긴 것이 문제였다. 그러자 당연하게도 은식기의
손질 같은 통상 업무를 원래대로라면 쉬어야 할 밤에 하는 신세가
되었다. 집으로 돌아온 그의 「살이 쭉 빠지고 건강이 상하고 피곤

에 절은」 모습에 가족들은 충격을 받았고, 그에게 그만두라고 설득했다고 한다.

「쉬는 시간」은 언제일까?

그렇다고 건강이 상할 정도로 일한 풋맨만이 있었던 것은 아니다. 사용인이 모여 있는 집이라면 긴 휴가는 쉽게 얻을 수 없어도 여유 있는 근무 체제는 기대할 수 있었다.

포틀랜드 공작가에 왕실 풋맨으로 고용된 프레더릭 고스트는 왕실 행사가 있을 때에는 왕궁으로 갔지만, 평소에는 공작 저택에서 일을 했다. 왕실 풋맨 네 명이 교대로 근무를 맡았다.

첫째 날 : 자신이 앞장서서 일하고 계속 호출에 응한다. 아침 식사, 점심 식사, 차, 만찬 때 시중을 든다. 두 번째 사람이 도와준다.

둘째 날 : 두 번째 사람이 앞장서서 일하며, 자신은 보조.

셋째 날 : 방문객이 많을 때만 호출에 응한다. 필요에 따라 세 번째 사람과 네 번째 사람을 돕는다.

넷째 날 : 비번.

즉 삼 일 일하면 하루는 「비번」인 날이 돌아오는 것이다. 매우 우아한 근무 체제였다. 프레더릭의 동료 풋맨 중 한 사람은 제5장

에도 등장한 키가 6피트 3인치인 헤일즈였다. 매우 잘생긴 아일랜
드 사람으로, 공작 부인을 따라 마차를 타고 외출할 때에는 마치
충실한 사역의 귀감 같은 모습이었다. 그러나 사용인의 티타임이
끝나면 늘 쥐도 새도 모르게 자취를 감추었다. 그러면 그와 짝을
이뤄서 일을 하는 다른 한 사람이 모든 일을 떠맡게 되었다.

어느 날, 헤일즈가 호출에 응하는 담당이었는데 그가 자리에 없
는 바람에 벨이 울렸을 때 보조를 하던 멤버가 늦게 응답하고 말았
다. 그러자 공작이 몸소 찾아와 남은 세 명을 매우 꾸짖었다. 공작
이 풋맨의 방에 찾아오는 일은 보통 일이 아니었다.

만찬 직전, 헤일즈는 시중용 진홍색 제복으로 완벽하게 갈아입
고서 평소보다 더 멋지게 빛나는 모습으로 화려하게 등장했다. 세
사람은 일제히 그에게 달려가 따졌다. 하지만 그는 정말 면목이

🍷 (왼쪽)주인들을 맞이하러 가기 전까지 상층의 동향을 안주 삼아 풋맨 동료와 펍에서 한
잔. 『펀치』 1882년 12월 7일.
🍷 (오른쪽)「실례합니다. 마님. 『타임즈』를 주인님이 다 읽으면 받아오라고 주방장이…. 기
다리겠습니다!」 당연한 권리로서 독촉까지. 『펀치』 1875년 9월 18일.

없다는 듯한 표정을 지으며, 「정말로
무엇을 하고 있었는지 알고 싶어? 발
이 아파서 족욕을 하고 있었어」라고
말했다.

요령이 좋고, 유머 감각이 있으며,
일을 대신해줄 동료가 있고, 빼어나
게 잘생긴 훤칠한 풋맨은 마음 내키
는 대로 시간을 내서 쉴 수 있었던 모
양이다.

⚜ (위쪽)펍 「러닝 풋맨」의 간
판. 계속 달릴 체력을 유지
하기 위해 손에 든 지팡이
끝에는 달걀과 화이트와인
을 섞은 자양강장제가 들어
있었던 모양이다.
⚜ (아래쪽)런던의 고급 주택가
메이페어(Mayfair)에 있는
펍 「러닝 풋맨(The Running
Footman)」

남자들의 런던, 밤의 생활

영악한 헤일즈만큼은 아니지만 대
저택의 남성 사용인은 오후에 어느
정도 여유 시간을 가질 수 있었다. 집
보는 일을 다른 사람에게 맡길 수 있
는 「비번」이 되면 그들은 당당하게 놀러 나갔다. 말단 메이드들의
평일이나 야간 외출을 엄격하게 규제했던 것과는 대조적이다.

프레더릭 고스트가 자주 갔던 런던의 펍은 집사나 풋맨이 모이
는 가게였는데, 이름도 「러닝 풋맨The Running Footman」이었다. 가게
이름은 18세기 이전에 주인이 탄 마차를 호위하거나 발로 뛰어서
전령 역할을 하던 사용인에게서 유래되었다. 그는 의기투합한 동

🦋 (왼쪽)거인처럼 큰 풋맨이 아주 작은 아기 고양이를 돌보라는 분부를 받고…. 「가엾게도 엄마가 없어. 엄마 대신 '야옹', 하고 울어줘!」「펀치」 1870년대 후반.

🦋 (오른쪽)벨이 울려서 와봤더니…「벨을 당기도록 아가씨께 훈련받은」 개가 「황송하게도 연습을 하고 있는 중」이었다. 「펀치」 1865년 9월 2일.

종 업계 친구들과 이 펍에서 수없이 많은 런던의 밤을 보냈다.

　「런던으로 돌아오고 처음으로 밤에 쉬는 날이 찾아오면, 짐 애스큐에게 전화를 걸어서 '러닝 풋맨'에서 만나자고 약속을 잡았다. 맥주 몇 잔을 비우고 나면 소호에 위치한 작은 레스토랑으로 자리를 옮겨 근사하고 맛있는 바닷가재 요리를 먹었다.

　그러고 나서 크라이테리온 극장으로 가 신작 포스터를 체크했다. 그날 주목할 것은 「플라잉 브레첼」이라는 독일 곡예단이었는데, 바퀴가 세 개 달린 자전거 비슷한 도구를 무릎 아래쪽에 묶어서 멋진 묘기를 선보였다.

　쇼가 끝나고 매우 즐거워진 우리는 슬슬 외출을 마무리하기 위해 마지막으로 얼스 코트 전시장에서 열린 미국 박람회에 가기로 했다. 수도꼭지에서 흘러나오는 유명한 미국식 라거 맥주를 시음했다.」

다른 때에는 앨버트 홀에서 연 오르간 연주회나 발레 무대도 보고, 뮤직 홀에 가서 유행하는 코믹 송을 들었다. 유명한 관광지 햄프턴 코트나 램버스 궁전도 구경했다. 어느 일요일에는 보트를 타고 템스 강을 거슬러 올라가고 왕립 식물원에서 새우 요리를 곁들인 차를 즐겼다.

현대인이 보기에도 부러울 정도로 관광에 충실한 모습이다. 돌아다닐 기회가 많은 남성 사용인의 입장에서 사교 시즌의 런던은 아주 매력적인 근무지였다.

집사들과 애완동물

어니스트 킹에게는 조금 별난 취미가 있었다. 바로 쥐를 키우는 것이다. 「국내에서 가장 위대한 쥐 생산자 중 한 명」이라고 찬사를 받을 정도로 거의 전문 육종가의 경지에 이르렀다.

「한때는 1,000마리나 키웠다. 나의 취미였던지라 「내셔널 마우스 클럽The National Mouse Club」에도 가입했는데, 이 단체에는 박사도 많았다. 품평회에도 출품했다. 수정궁Crystal Palace, 19세기 제1회 런던 만국박람회 때 건축된 철과 유리로 된 건물로, 1936년에 소실되었다, 리즈, 브래퍼드Bradford, 올림피아Olympia 등의 전시회나 여러 농산물 품평회에도 참가했다. 물론 그냥 시궁쥐가 아니라는 것을 강조해야만 했다. 우리 애호가의 포부는 더 컸다! 내 보물 중 하나는 1936년 「리즈 그레이트 마우스Leeds Great Mouse 품평회」에서 받은 우승컵이다.」

아마도 교배를 여러 번 거친 애완용 쥐를 키우고 있었기에 일반 시궁쥐가 아니라 쥐라고 당당하게 말할 수 있었던 듯하다. 그런데 개인 저택의 집사로 일하면서 쥐를 1,000마리나 키우는 것은 고용주의 이해 없이는 도저히 불가능한 규모다. 어쩌면 상도 받고 신문에도 실렸다는 이유로 응원을 받고 있었던 것은 아닐까?

1920년대에 앨리스 애스터의 집에서 집사 겸 시종으로 일하던 찰스 딘은 어느 날 동물과 관련된 기묘한 「휴식」을 목격했다.

여주인 앨리스의 첫 번째 남편이었던 러시아 왕자는 바실리Vassi-ly라는 러시아인 주방장을 데리고 왔다. 주방장이라는 직업을 가진 사람들이 그렇듯 그 역시 성격이 거칠었다. 바실리 때문에 잡일을 하는 잡역부 한 사람이 그만두자 딘

🎵 애스터 자작 부인이 사망한 후 주미 영국 대사관의 집사가 된 찰스 딘.

은 교대 인원을 뽑기 위해 면접을 보게 되었는데, 면접을 보던 사람이 자신이 키우고 있는 앵무새를 가지고 와도 되냐고 물었다. 이런 경우는 처음이라 「앵무새도 면접을 봐야 하나」 고민했지만 결국 앵무새 주인에게 두세 가지 질문만 더 하고 말았다.

여주인은 흔쾌히 허락을 했고, 잡역부 존은 주방 옆에 있는 부츠 닦는

작은 방에 새장을 가져다 놓았다. 앵무새를 마음에 들어 한 아이들은 간식을 가지고 와서 말을 걸었다. 하지만 존과 앵무새가 오고 나서 두 달 뒤, 찰스 딘은 여주인에게 불려갔다.

「"딘, 아이들이 걱정돼. 유모에게 들었는데 아이들이 나쁜 말을 배워왔나 봐. 짐작 가는 곳 없어?"
"아뇨. 아래층에서 욕을 쓰는 사람은 없습니다. 당연히 자제분 앞에서는 절대로 있을 수 없는 일이지요. 괜찮으시면 어떤 말인지 알려주시겠습니까?"
"그럴 수 없어, 딘. 그런 상스러운 말을 내 입으로 하라니, 도저히 난 못 해."
(위선자 같으니)라고 저는 속으로 생각했습니다. 그녀가 그런 말을 쓰는 것을 들은 적이 있었기 때문입니다.」

여주인은 말하는 대신 종이에 적고는 집사에게 비는 시간에 조사하라고 지시했다. 메모에는 「망할 잉글랜드」, 「나가 죽어라 영국」이라고 쓰여 있었다. 번뜩 떠오르는 것이 있던 찰스 딘은 며칠 동안 앵무새 옆에서 잠복을 했다. 그러자 예상대로 주방장이 손에 칼을 든 채 소리를 버럭버럭 지르며 방으로 들어왔다.

「앵무새가 "안녕, 바스."라고 말했습니다. 그리고 주방장은 새장에 칼을 찔러 넣으며 소리쳤습니다.

"이 멍청한 새 자식, 죽여버리겠어. 망할 잉글랜드! 나가 죽어라 영국! 밥맛없는 앨리스!"
　당연히 마지막 말은 메모에 적혀 있지 않았습니다.」

※ 다혈질이지만 실력은 뛰어났다고 하는 러시아인 주방장 바실리(왼쪽)와 찰스 딘(오른쪽). 뉴욕에서.

　여주인과 의논한 끝에 앵무새와 그 주인인 잡역부를 내보내고 입이 험한 주방장은 그대로 뒀다. 불합리한 처사지만 어쩔 수 없었다. 주방장의 요리는 앵무새보다 더 희소했기 때문이다.

일요일에는 교회로

　고용주들은 사용인들에게 일요일에는 동네 교회의 예배에 나가라고 요구하는 경우가 많았다.

　신앙심이 깊은 집이라면 매주, 가능한 한 하루에 두 번. 그렇게까지 신앙심이 깊지 않은 집이거나 말단 메이드라면 2주에 한 번 교회에 가는 시간을 허락했다.

　쥐 애호가로 유명한 집사 어니스트 킹에게도 당연히 풋풋한 신입 시절이 있었다. 에드워드 시대, 당시 열여덟 살이었던 그는 치체스터Chichester의 저택에서 제2 풋맨으로 일을 하고 있었다.

「햄린 치체스터Hamlin Chichester 소령의 저택, 율스터 파크Youl-ston Park에서는 교회에 갈 때, 풋맨들은 제복을 입어야만 했다. 마부는 톱 부츠위쪽 가장자리에 색이 다른 가죽을 붙인 부츠에 케이프를 걸쳤다. 운전수도 마찬가지였다. 그는 시들리 대시Sid-deley-Deasy, 20세기 초, 영국의 자동차 및 항공기 엔진 제작사사에서 나온 사람으로, 가사 사용인에 대한 것은 아무것도 모르는 기계공이었다. 그럼에도 운전용 상의와 반바지를 입고, 챙이 있는 모자에 손목까지 오는 두꺼운 가죽 장갑을 착용해야만 했다.

여성 사용인은 어두운 색깔의 옷을 입고 검은색 보닛을 썼다. 오후부터 밤까지 자유 시간인 그녀들은 모자 상자를 들고 나와 문지기의 부인에게 맡기고서 교회에 갔다. 그 덕분에 문지기 집의 좁은 복도는 메이드의 모자 상자로 가득했다. 아침 예배가 끝나면 이번에는 교회용 보닛을 맡기고 나들이용 모자로 바꿔 썼다. 그리고는 걸어서, 또는 자전거를 타고서 4마일 떨어진 마을이나 자신의 집으로 갔다. 밤 10시에는 검은색 원피스에 에이프런, 모자 차림으로 돌아와야 했다. 풋맨은 제복 차림으로 저녁 기도에 참석했다.」

다른 집에서 일하는 여성 사용인들도 교회에 갈 때에는 대부분 수수한 사복에 검은색 보닛을 쓰고 가야만 했다. 남성 사용인은 제복, 작업복, 정장 차림으로 가도록 지시를 받았다. 주인 부부의 입장에서는 모처럼 돈을 주고 고용했으니 자신은 사용인을 고용하는 위치임을 이웃 주민에게 과시하고 싶었던 듯하다.

어쩌면 「누가 봐도 사용인으로 생각할 차림새로 교회에 가게 한다」는 행위를 통해 각인시키고 싶은 사상이 있었을지도 모른다. 목사들은 「사용인은 자기의 분수를 지키고 주인을 충실하게 모셔라, 인간은 모두 신에게 봉사하는 종이니 그것이 당연한 일이다」라며 계급 제도를 보강하는 설교를 했다. 아마도 사용인의 상징인 제복을 입고서 그런 설교를 듣게 하면 반항심을 억누를 수 있다고 생각했던 것 같다.

그렇지만 효과가 있었는지는 확실히 알 수 없다. 에릭 혼의 기억 속에 집사를 불러서 「설교 중에 조는 풋맨이 있더군. 맥주 좀 그만 마시라고 해」라고 꾸짖은 주인도 있었다고 하니.

찰스 쿠퍼의 말에 따르면, 신앙심이 깊은 고용주는 사용인이 모두 견진성사the Sacrament of Con-firmation, 가톨릭이나 정교회에서는의 경우에는 견진성사라 하며 성공회에서는 견진예식, 그 외 침례교 계열을 제외한 개신교 교회에서는 견신례라고 한다- 편집자 주를 받기를 원했다. 이것은 종파에 따라 조금씩 차이가 있지만 그리스도교 교회에서 행하는 의식으로, 유아 세례를 받은 사람이 일정 나이가 되어

❦ 젊은 영애들이 읽을 작은 책을 들고서 그녀들 뒤를 따라가는 풋맨. 1859년.

다시금 자신의 신앙을 맹세하는, 말하자면 종교적 성인식의 의미도 지니고 있었다. 주인은 집사에게 명령해서 「성사를 받아야 하는 사람」을 찾게 했다고 한다.

이처럼 주인들은 사용인들의 마음까지 관리하기를 바랐다. 하지만 그 지도 책임은 집사에게 떠넘겼다.

제복을 둘러싼 갈등

프레더릭 고스트도, 제복을 입고 교회에 간 경험을 회상했다. 「코트 헤이」 저택에서 글래드스턴가의 두 신사를 모셨을 때, 그는 두 종류의 제복을 지급받았다. 평일에는 흰 셔츠 위에 은단추가 여섯 개 달린 진회색 상의를 입고, 탈부착 칼라와 타이를 착용한 채 일을 했다. 그러나 교회에 갈 때는 모양은 같지만 진자주색에 금색 단추가 달려 있는 「일요일의 제복」을 입었다.

그는 화려한 제복을 자랑스럽게 생각한 듯하지만, 그와 반대로 복잡한 심정을 느낀 사람도 있었다.

1837년, 목사의 집에서 「풋 보이Foot boy」로 일한 열다섯 살 소년의 체험이다. 풋 보이란 풋맨과 똑같이 제복을 입지만, 그 실체는 홀 보이나 다른 보이들과 마찬가지로 온갖 잡일에 시달리는 잡일꾼이었다.

풋 보이였던 헨리 휘틀리Henry Whiteley는 기도서를 들고서 고용주 뒤를 따라 걸었다. 그리고는 가족 전용 신도석 문을 열고 들어간

🦋 랜즈다운 후작가의 풋맨들. 상황에 따라 제복을 갈아입었다. 가장 격식을 갖춘 예복을 입고 의식용 마차 앞에 서 있는 모습.

🦋 (위쪽)준예장을 한 랜즈다운 후작가의 풋맨들. 몰이 적어지고 조끼의 자수도 줄었다.
🦋 (아래쪽)일상용 제복을 입은 랜즈다운 후작가의 풋맨들. 19세기 말부터 20세기 초의 제복.

뒤 가지고 온 기도서를 자리에 올려놓았다. 이것은 교회 내에서 일하는 풋맨의 업무였다.

그런 헨리가 입은 예복은 「단화, 하얀색 스타킹, 검은색 플러시 천으로 만든 반바지, 연노란색 조끼, 금색 몰로 장식한 산뜻한 연청색 상의」였다. 그는 마을 소년소녀들에게 제복이 「까치 같다」는 놀림을 당해 상당히 화가 났다고 했다.

교회는 커뮤니케이션의 중심이었다. 도시든 시골이든, 작은 마을이든 큰 마을이든 대다수의 집락은 교회를 중심으로 퍼져 나갔다. 기차역과 같은 새로운 공공시설은 오히려 외곽에 있는 경우가 많았다. 아직 신앙의 힘이 강했던 시절, 일요일에는 「영주님」과 그 사용인, 그리고 마을에 사는 농부도 광부도 상인도 모두 교회로 모였다. 즉, 일요일 예배는 대저택의 세계와 지역 주민의 세계가 만날 기회였던 것이다. 사는 세계가 다른 사람들이 만나는 그곳에서는 분명 온갖 드라마가 펼쳐졌을 것이다.

사용인 무도회

「영주님」은 자신의 영지 내에 사는 사람들에게 봉사를 받는다. 그 대신 한 해 노동이 마무리되는 시점에 맞춰 술과 음식을 대접하며 그들을 위로하는 풍습이 있었다. 「수확제」나 「농부 무도회」. 「양털 깎기 대회」. 임차료를 지불하는 날에는 「임차인 무도회」에 식사 모임. 대규모 「여우 사냥 대회」에서 지역 주민의 손을 빌렸을 때는 그들에게도 식사와 술을 대접했다. 그렇지만 당연히 요리도 와인도 귀빈에게 내가는 것과는 차이가 있었다. 이와 같은 경우에 영주의 사용인은 지역 주민들을 대접하는 입장이었다.

크리스마스 시기나 가족에게 축하할 일이 생겼을 때, 이를테면 아이의 생일이나 스물한 살의 성인이 되었을 때에는 위층에서 하는 축하 파티와 별개로 사용인 무도회를 열어주는 고용인이 많았다. 예를 들어 1896년, 찰스 쿠퍼는 모시던 가문의 장녀가 결혼을 했을 때 주인이 진수성찬을 내려준 일을 선명하게 기억하고 있다.

> 「나는 그 결혼식 날을 영원히 잊지 못할 것이다. 무엇이든 아낌없이 나왔고, 온 집안사람들에게 샴페인이 제공되었다. 사용인들은 이 귀한 술을 양껏 마셨다.」

🐑 양의 검사하는 지주 토마스 코크Thomas Coke. 뒤로 「홀컴 홀」 저택이 보인다. 토마스 위버Thomas Weaver의 그림. 1800년대.

이 주인의 경우, 위층 손님을 위한 결혼 피로연 음식은 준비부터 정리까지 모두 외부 업자에게 맡겼다. 저녁 식사도 셀프 서비스로 먹을 수 있게끔 불을 쓰지 않는 요리만 준비시켰다. 모든 것은 사용인들이 일에서 해방되어 노는 데에만 전념하도록 하는 배려였다.

크리스마스 파티와 같이 공식적인 사용인 무도회가 열리면 고용주 일가는 아래층으로 내려왔다. 그리고 주인은 가정부와 부인은 저택 관리인이나 집사와 커플이 되어 무도회의 첫 춤을 추었다. 또 집에 따라서는 특별한 명목이 없어도 작은 규모의 댄스 파티를 정기적으로 열어주었다.

무도회에 참석하는 메이드들은 가지고 있는 몇 안 되는 옷 중 가

◈ **(왼쪽)**콘월에 위치한 저택 「코트힐Cotehele」에서 임차인을 위한 무도회를 준비 중이다. 사용인들이 음료를 혼합하거나 좌석을 만들고 있다. 니콜라스 콘디Nicholas Condy의 그림. 1840년경.
◈ **(오른쪽)**임차인을 위해 「크랙사이드Cragside」 저택에서 열린 오찬회. 아들이 스물한 살 생일을 맞아 성인이 된 것을 기념하는 자리. 1913년.

장 좋은 드레스를 골라 입었다. 그러자 평소 제복을 입은 모습과 갭이 생겼다. 평소에는 격리되어 있던 이성과 음악에 맞춰 함께 몸을 움직이다 보면 한 커플이나 두 커플은 호감을 느꼈을 것이다. 그렇지만 집사나 풋맨들의 사랑은 다사다난했다.

풋맨의 직장 내 연애

고든 그리메트가 처음 진지하게 사귀었던 여성은 대저택 「롱리트 하우스」에서 함께 일한 스틸룸메이드 앨리스였다. 고든은 램프 보이로 처음 일을 시작했지만, 제1차 세계대전이 끝나갈 이 무렵에는 제3 풋맨으로 승진을 한 상태였다.

「지금 돌이켜 생각해보면 내가 그녀에게 꿰뚫린 것은 심장이 아니라 코였을지도 모릅니다. 스틸룸에서는 이 세상의 것이라고는 생각할 수 없을 만큼 좋은 냄새가 풍겼습니다. 갓 구운 빵과 비스킷, 커피, 라벤더, 포푸리나 허브가 한데 섞인, 더할 나위 없이 향기로운 냄새가 났지요. 아마 내가 사랑한 것은 사랑스

러운 앨리스의 귀여운
얼굴도, 다부진 몸매
도 아니라 그녀의 몸
을 가득 채운 그 향기
였던 것 같습니다.」

운이 나쁘게도 스틸룸
과 가정부의 방은 나선
계단으로 이어져 있었
다. 앨리스의 상사인 가정부는 늘 스틸룸에 와서 보존 식품을 만
들었다. 과일 절임, 잼, 마멀레이드, 체리 병조림, 장미수, 스콘, 케
이크에, 페이스트리. 과일 병이 늘어선 모습은 마치 「근위병의 행
렬」 같았다.

잼을 만드는 시기가 오면, 고든은 가정부 몰래 스틸룸에 들렀다.
그러면 앨리스는 잼을 만들면서 걷어낸 거품을 버터를 바른 빵에
올려서 건네줬다.

미시즈 파커는 가정부답게 관리직의 상징인 열쇠 꾸러미를 허리
에 차고 있었기 때문에 가까이 오면 잘그락거리는 열쇠 소리로 알
수 있었다. 그럼에도 앨리스와 있는 현장을 몇 번 들키고 말았다.
혼을 내도 달라지지 않으니 가정부는 저택 관리인에게 이 일을 보
고했다.

🖋️ 고든 그리메트. 1921년 애스터 자작 가문의 제2 풋맨으로 일하던 시절의 사진. 자작가 소유의 해변 별장에서.

「저택 관리인 미스터 블레이저는 엄한 아버지를 연기하기 시작했습니다.

"고든, 아랫도리의 본능에 지지 말라고 지금까지 몇 번을 말했나. 앞으로 또 메이드들에게 손을 대면 해고할 수밖에 없네."

"잠깐만요. 저는 손을 댄 적이 없습니다. 그냥 그 아이들과 함께 빵과 잼을 먹었을 뿐이라고요."

미스터 블레이저는 그게 더 나쁘다는 듯이 슬프게 고개를 저었다.

"이상이다, 고든. 나가도 좋아."」

그렇게 해서 달콤한 냄새에 푹 빠져 있던 앨리스와는 결국 이별을 한 듯하다. 고든 그리메트는 바람둥이였던지라 「클리브덴」 저택의 풋맨으로 이직한 후에도 아이 방을 담당하는 스위스인 메이드나 친구의 연인 등 가리지 않고 차례차례 손을 댔다. 그는 「아이 방 담당 메이드는 풋맨의 부수입」이었다고 말했다.

댄스 파티에서 만난 여자에게는 런던에서 온 악단의 연주자 행세를 했다. 색소폰 연주자치고는 손이 거칠다는 지적을 받자, 「원예를 자주 해서 그래」라며 얼버무렸다. 고든 그리메트의 안에서 풋맨은 여자에게 인기가 없는 직업이었던 것이다.

최종적으로 진지하게 사귄 사람은 같은 직장에서 일하는 포피라는 여자였다. 수석 정원사의 딸로, 저택 내부의 꽃 장식을 담당했다. 두 사람의 관계는 비밀로 해야만 했다. 그렇기에 더 불타오르기도 했다고, 그는 저서에서 밝혔다. 통로를 스쳐 지나갈 때에 슬쩍 손을 잡기

여주인 「제임스, 아까 사용인 홀 옆을 지나갈 때, 네가 메이드에게 키스하는 모습을 봤는데 말이지?」 제임스 「그렇습니까? 몇 시쯤입니까, 마님?」 여주인 「네 시쯤이야.」 제임스 「아, 그때라면 상대는 제인이었겠네요.」 방탕한 풋맨. 『펀치』 1908년 12월 23일.

도 하고, 비밀 쪽지를 교환하기도 했으며, 따로따로 나가서는 사람들 눈이 닿지 않는 곳에서 만나기도 했다. 보트를 빌려서 강을 건너고, 인근 도시인 메이든헤드까지 나갔다.

이윽고 익숙해진 두 사람은 점점 더 대담해졌고, 데이트 횟수가 늘면서 두 사람의 관계는 공공연한 비밀이 되었다. 그 사실을 모르는 사람은 본인들과 안주인뿐이었다. 결국 업무 중에 영화를 보러 가는 바람에 포피가 만찬 시간 전에 꽃 장식을 끝내지 못하는

사태가 벌어졌다. 아버지인 수석 정원사가 급하게 달려와서 수습을 했으나 두 사람은 해고를 당하고 만다.

이 일을 계기로 고든과 포피는 결혼을 했다. 클리브덴의 집사인 에드윈 리와는 좋은 관계를 유지하였기에 잠잠해진 후에는 일손이 부족할 때 그의 부탁을 받고 도우러 갔다고 한다.

해고당한 뒤 고든 그리메트는 한동안 「라이언스 코너하우스Lyons Cornerhouse」라 불리는 카페 체인점의 매니저로 일했다. 이 부부의 경우는 계획적인 퇴직이 아니었지만, 급료나 팁을 모아서, 또는 착실하게 모으고 있는 요리사나 가정부를 포섭하여 부부가 장사를 시작하는 사례도 많았다. 가장 흔한 업종은 펍과 호텔이다. 예를 들어 런던의 유명 호텔 「브라운즈 호텔Brown's Hotel」의 창업자는 시인 바이런Byron 경을 모시던 집사와 부인을 모시던 레이디스메이드의 커플이었다. 사용인의 세계를 「졸업」하고 성공한 사례라고 할 수 있다.

불장난의 전말

연애의 형태는 사람마다 다르다. 그렇지만 확실한 미래를 약속해주기 바라는 여자와 속박을 싫어하는 남자의 조합은 흔히 볼 수 있다. 키가 크고 잘생긴 풋맨들은 젊을 때 놀고 싶고, 출세를 위해 자주 이직을 할 필요가 있었다. 그래서 차분하게 관계를 쌓자는 생각은 좀처럼 하지 못했다.

「이곳을 그만두고 싶은 이유는 하나 더 있었다. 바로 제2 하우스메이드 때문이었다. 이 여성은 점점 독점욕을 보이기 시작했다. 사용인 홀에 있을 때 다른 여자아이에게 "안녕."하고 인사라도 하려고 했더니, 테이블 밑에서 힘껏 걷어찼다. 정강이뼈가 부러진 줄 알았다. 그녀가 휴가를 낸 틈을 타 나는 그만둔다는 의사를 밝혔다. 그리고 그녀가 저녁에 돌아오는 그날, 나는 정오에 그곳을 떠났다. 이 일은 좋은 교훈이 되었다. 같은 직장에서 일하는 여성에게 호감을 표하는 바보 같은 행동은 두 번 다시 하지 않게 되었으니까.」

이 이야기는 스무 살 무렵의 어니스트 킹이 겪은 실패담이다. 여자 친구가 휴가를 간 사이에 조용히 사라지는 이별 방법도 제법 흔했다. 그러나 그는 그 후에 더 굉장한 아수라장을 목격하게 된다.

대부호 매킨토시의 파리 저택에서 집사로 일하고 있을 때, 그는 프랑스인 주방장을 현지에서 고용해 영국으로 데리고 돌아왔다. 그 콜베르라는 이름의 주방장은 훌륭한 만찬을 만드는 것으로 국제적으로

⚜ 1837년에 전직 집사가 개업한 브라운즈 호텔. 애거사 크리스티Agatha Christie의 작품 『버트램 호텔에서At Bertram's Hotel』 속 무대의 배경으로 잘 알려져 있다. 전통적인 오후 티타임 서비스로 지금도 유명하다.

§ **(왼쪽)**메이드와 다정하게 노닥거리는 모습을 마님에게 들키고 한소리를 듣는 집사. 「그게, 크리스마스 시즌이라….」 해이해진 것에 대한 변명. 「펀치」 1921년 12월 28일.

§ **(오른쪽)**친구나 가족을 식사에 초대해도 좋다는 허락이 떨어졌다. 여주인 「아내를 불러도 돼.」 집사 「감사합니다, 마님. 하지만 전 괜찮습니다.」 …왜냐고? 직장에는 이렇게 젊고 아름다운 여인이 많기 때문이다. 「펀치」 1883년 12월 1일.

명성이 자자했다. 그러나 여성 편력이 심했고, 요구하는 경비 금액도 천문학적이었다. 그럼에도 주인의 입장에서는 친구에게 만찬에 대한 호평을 듣는 일이 더 중요했다.

어느 날, 영어도 할 줄 모르는 젊은 프랑스인 여성이 홀로 찾아왔다. 어니스트가 프랑스어로 응대를 하다가 주방장이 직접 이야기를 나누겠다고 나서기에 지켜봤더니, 주방장은 여성을 때리고는 다짜고짜 손을 잡아끌고 나가 택시를 타고 사라졌다. 「새 주방장을 구해야겠군」이라고 생각하던 차에 인근 역 역장에게서 전화가 걸려왔다.

　「"죄송합니다, 심각한 일이 생겼습니다!"하고 역장이 말했다.

"심각한 일이라니요?"하고 나는 되물었다. "최악의 사태입니까?"

왜 그런 질문을 했는지 지금도 모르겠다. 여인의 눈동자에 절망의 빛이 떠올랐던 것을 제외하면 재앙을 예측할 만한 요소는 아무것도 없었는데. 하지만 역장은 이렇게 말했다.

"최악 중의 최악입니다. 지금 막 유해 두 구를 라이트워터 안치소로 옮겼습니다."

나중에 운전수에게 들은 바에 의하면, 부지 끝까지 갔을 때 뒷자리에서 세 발의 총성을 들었다고 한다. 그리고 그 소리에 혼비백산한 그는 역까지 차를 몰았다고 한다. 여인이 주방장에게 두 발을 쏘고 나서 본인에게 총구를 겨눈 것으로 보인다. 경찰서에서 봤는데, 그렇게 작은 권총은 본 적이 없었다. 총에는 작열탄이 들어 있었다.」

간을 보는 여자

난봉꾼 주방장이나 풋맨의 태도에는 두 손 들었지만, 여자 쪽도 막상막하였다. 에릭 혼이 아직 소년이었을 때, 그에게는 여자 친구가 있었다. 하지만 풋 보이 일을 시작하자마자 여자 친구는 그를 차버렸다. 「제복을 입고서 남의 집에서 일하는 사람」을 연인으로 둘 생각은 없다고 딱 잘라 말했던 것이다. 애당초 만나러 갈 시간도 없었다.

사실 열두세 살 때 에릭은 자신의 외모에 상당히 자신이 있었다.

사진도, 초상화도 없어서 진실을 알 수 없지만, 성가대를 그만둔 당시의 그는 「곱슬곱슬한 금발 머리에 통통한 볼과 푸른 눈」을 가진 미소년이었다고 한다. 하지만 그런 천사 같은 외모도 제복으로 인해 매력을 잃었다. 경력이 많지 않은 보이나 풋맨은 역시 남자 친구 후보로서 인기가 없었던 모양이다.

프레더릭 고스트가 1900년경부터 모셨던 글로숍의 하워드How-ard of Glossop 가문은 대대로 가톨릭 신자였다. 주인인 하워드 경은 사용인을 뽑을 때, 특이한 기준을 가지고 채용했다. 여성은 아일랜드인 가톨릭 신자를, 남성은 잉글랜드인 프로테스탄트 신자를 고용했던 것이다. 아일랜드인 남자는 술꾼이라 문제를 일으키기 쉽다도 생각했기 때문이지만, 프레더릭의 경험상, 잉글랜드인 남자 중에도 아일랜드인 남자 못지 않은 술고래가 있었다.

프레더릭은 프로테스탄트에서 갈라진 한 교파의 교회에 다녔다. 남녀가 교파는 달랐어도 사용인의 분위기는 좋았다. 그중에서도 수석 키친메이드인 줄리아 도나휴와는 특

인기 소설에 감정 이입을 심하게 한 메이드가 남자 친구인 풋맨을 다그친다. 「이야기에서처럼 아가씨를 위해 나를 버리거나 하기 없기야?」 『펀치』 1863년 5월 2일.

히 마음이 잘 맞아서 친해졌다. 당연히 아일랜드인 여성으로 독실한 가톨릭 신자였으며, 아주 귀엽고 유머도 넘치고 사람을 보는 눈도 뛰어났다.

> 「"프레더릭 너를 내 애인으로 삼아줄까 조금 고민할 뻔한 적도 있어."커다랗고 검은 눈동자에 장난기를 담고서 그녀가 말했다. "만약 네가 다섯 살 연상에 올바른 신앙으로 전향한다면 말이야!"
> "하지만 줄리아."하고 나는 대꾸했다. 5년 뒤에는 나도 다섯 살이 많아지겠지. 미안하지만 그때도 여전히 프로테스탄트일 거야."」

귀엽고 예리한 줄리아에게 아직 어리고 교파도 다른 프레더릭은 아무리 마음이 잘 맞아도 「대상 외」였다. 농담처럼 대화를 주고받으면서도 그녀들은 남자의 장래성을 냉정하게 따지며, 결혼해도 될 만한 좋은 상대, 메이드 생활을 청산하게 해줄 상대를 찾았다.

남성 사용인이라고 해서 아내나 아이가 있는 화목한 미래를 상상하지 않은 것은 아니었다. 그렇지만 한때의 유흥이나 연인 관계 이상으로 결혼을 향한 길은 험난했다.

기혼인 집사는 꺼렸다

　1880년에 발간된 『사용인 실용 가이드』는 사용인의 업무 내용과
다루는 방법 등을 해설한 지침서이다. 집사부터 메이드까지, 직종
에 따라 장을 나눠서 업무 내용을 설명하고 있었는데, 저택 관리인
과 그룸 오브 체임버, 시종은 하나의 장에 정리해놓았다. 사냥터
관리인은 정원사 쪽에 끼워 넣어서 소개를 하기는 했지만 「이 책
의 범주 외」로 여겨 업무 내용에 대해 자세하게 기술하지는 않았
다. 이처럼 진짜 상류층 가정이 아니면 고용할 수 없는 남성 사용
인의 설명이 생략된 것을 보면, 이 책의 독자가 하층 중류 계급의
안주인과 사용인들이었
음을 알 수 있다.

§ 「마님 때문에 더는 못 참겠습니다.」라며 그
만두려 하는 남성 사용인에게 「꾹 참고 사는
나 같은 사람도 있잖나.」라고 말하는 주인.
입장은 다르지만 결혼생활에 대한 생각은
똑같은 것일까? 「펀치」 1877년 11월 3일.

　그런데 「집사의 업무」에
대해 참고하고자 이 책의
집사 항목을 펼치니, 다짜
고짜 「기혼인 집사를 고용
하기 꺼리는 주인이나 여
주인도 있다」라는 설명을
첫 페이지에서 보게 되었
다. 꺼리는 이유로는 먼저
기혼인 남성은 자신의 가
족과 지내고 싶어하므로,
필요할 때 주인 곁에 없을

우려가 있다는 것. 처자식을 부양하는 데에 노력과 돈을 쏟느라 독신 남성처럼 꾸미지 않는다는 것. 그리고 무엇보다 가족을 위해 고용주의 재산에 손을 댈 위험이 있다는 것을 들었다.

에릭 혼은 결혼한 뒤 직장 선택지가 적어져서 상당히 고생을 했다.

> 「집사에게 결혼은 자살 행위나 다름없다. 먼저 전제로써 집사는 고용주에게 매여 있는 존재다. 결혼을 하면 이른바 부양가족이라는 것을 가지게 된다. 그리고 독신일 때만큼 자유롭게 직장을 옮길 수 없게 되는 것이다.」

먼 곳에 직장을 얻으면 아내와 가재도구를 챙겨서 이동해야 한다. 영지 내에 집을 제공받아서 살게 될 수도 있다. 가족의 생활이 걸려 있으면 다소 싫은 일이 있어도 참아야 한다. 반대로 뿌리를 내리고 안정된 가정생활을 하려는 순간 어떠한 일로 해고가 되면, 곧바로 퇴거 압박을 받게 되는 것이다.

풋맨과 같은 하급 사용인과 비교하면 집사나 상급 사용인은 사생활의 자유가 보장되는 경우가 많았다. 집사와 가정부, 또는 요리사

§ 「왜 결혼 따위를 하는 거지, 존?」「왜냐 하면 제 이름을 대대손손 물려주고 싶으니까요.」 참고로 「존」은 우리나라의 김씨 성만큼 흔한 이름. 「펀치」 1920년대.

커플이 기혼자용 숙소를 제공받아 같은 직장에서 일하는 경우도 있었다. 하지만 에릭의 말에 따르면 여기에도 함정이 있었다. 고용주는 「한 사람 몫의 급료로 사용인 두 명을 얻을 수 있다」는 것이다.

한쪽이 무급인 만큼 연봉이 낮아지는 일은 없지만, 그래도 기혼자 집사의 경력이 불리해지는 것은 부정할 수 없는 사실이었다.

에릭도 결혼한 뒤, 소개장과 동료들의 입소문으로 이어졌던 그때까지의 경력이 점점 힘을 잃게 되어 고생을 했다.

가정생활에 대한 어니스트 킹의 견해는 다음과 같았다.

「이상적인 집사는 가정을 갖지 않는 집사다. 아내를 얻는 것도 허락되지 않는다. 설령 결혼을 했다고 해도 아내는 존재하지 않는 사람, 눈에 보이지 않는 것처럼 대해야 했다. 아내는 모습을 보여서도 안 되고, 목소리를 내서도 안 된다. 화제에 오르는 것도 허락되지 않는, 걸리는 것이 많은 남편의 종속물이었다.」

어니스트의 회고록에는 아내에 대한 이야기가 적다. 외국에서 떨어져 사는 동안 지고지순한 내용이 담긴 편지를 자주 보냈다는 것과 몸이 약했다는 것만 짐작할 수 있는 정도다.

여자들의 입장에서 보면 집사와의 결혼 생활은 상당히 외로웠을 것 같다. 그것을 피하기 위해서인지, 집사는 결혼을 늦게 하는 경향이 있었다.

각각의 해피엔딩?

에드윈 리는 스물네 살 때부터 반세기 이상, 2대에 걸쳐 애스터 가문을 모셨는데, 60대 중반을 넘어서야 애스터가에서 전화를 담당하던 여성과 결혼을 했다. 1952년에 주인인 애스터 자작 월도프가 세상을 떠난 그 이듬해의 일이었다. 리는 이렇게 말한다.

「에밀리는 제가 오랫동안 매일 지켜본 사람이었습니다. 저는 결혼을 늦췄습니다. 저도 여성을 좋아한다는 것은 부정할 수 없습니다. 하지만 그저 좋아하는 선에서 멈추도록 제 자신을 통제했습니다. 아내로서 내 직장 생활에 적응할 수 있는, 아니, 적응하려고 노력하는 여성은 이 세상에 존재하지 않는다고 생각했기 때문입니다.」

그는 주인이 사망한 이듬해, 해변에 있는 도시에 집을 사고 결혼을 했다. 그대로 은퇴를 할 예정이었으나, 애스터 자작의 아들에게 부탁을 받아 한동안 집사 생활을 계속하게 되었다.

연애도 결혼도 주변의 환경을

「디칠리 파크」 저택에 풋맨으로 일했을 때의 조지 워싱턴. 제법 바람둥이 기질(?)이 보인다.

살피면서 계획적으로 진행할 필요가 있었다. 조지 워싱턴은 1935년부터 「디칠리 파크Ditchley Park」 저택에서 제1 풋맨으로 일을 하기 시작했다. 이 당시 그는 몰래 생각한 바가 있었다.

> 「풋맨이 결혼하는 것은 무리였고, 시종도 불가능했습니다. 그렇지만 집사로 고용될 날이 머지않았다는 것은 알 수 있었습니다. 집사로 고용되면 결혼이 허락되고, 컨트리 하우스 영지 내에 지어진 작은 집에서 살 수 있게 됩니다.」

이 단계에 이르러서 그는 만약 좋아하는 사람이 생기면 진지하게 사귀어도 되겠다는 생각을 하기 시작했다. 그 전까지는 여성과 장기적인 관계는 만들지 않고 철저하게 놀기만 했던 것이다. 그가 눈여겨본 사람은 여섯 살 연상의 레이디스메이드 프리다였다. 시종으로 승진하고 나서야 동등한 위치에서 겨우 이야기를 나눌 수 있게 되었고, 그 뒤로 천천히 친분을 쌓아 나갔다.

그리하여 어느 날, 드디어 프러포즈를 했

🖋 고든 그리메트(왼쪽)와 에드윈 리(오른쪽). 가운데 여성은 리의 부인. 늦은 결혼으로 행복을 얻은 유명 집사.

지만 그녀는 거절을 했다. 나이 차이가 걸렸던 것이다. 「5년 후에 다시 한 번 물어주면 그때는 허락할게.」라고 프리다는 대답했다. 조지 워싱턴이 직장을 옮기면서 두 사람은 떨어지게 되었다. 그러나 그는 날짜를 꼬박꼬박 메모해두었다가 5년 후 같은 날에 전화로 두 번째 프러포즈를 했다. 그리고 약속은 지켜졌다. 그녀와 맺어진 기쁨을 그는 「인생 최고의 일이었다」고 회상하고 있다. 20세기 초 가사 사용인의 사회에서 존재하던 미묘한 상하 관계나 그들의 인생 설계를 엿볼 수 있는 에피소드다.

귀족이나 지주, 대부호를 곁에서 모시는 것은 자신의 시간을 전부 그들에게 바치고, 그들의 생활 속 일부가 되어 가는 것을 의미했다. 집사나 상급 사용인 대다수는 그것을 감수하고 받아들였다. 귀여운 여자 친구나 잘생긴 남자 친구와 사적인 시간을 보내지 않아도 괜찮다, 사생활이 없어도 좋다, 또는 뒤로 미뤄도 괜찮다고 느낄 정도로 메리트가 있었다는 것이다. 그들은 무엇을 바랐으며, 무엇이 좋다고 생각했을까. 나머지 장에서 살펴보도록 하자.

집 안에서 노는 집사들

🌿 수집부터 어학까지

　실내 사용인은 대기 시간이 대체적으로 길었다. 그래서 돈이 많이 들지 않는 다양한 방법으로 시간을 보내면서 즐기는 사람이 많았다. 19세기 말에 사용인 세계에 들어온 찰스 쿠퍼는 풍요롭고 좋은 시절에 만난 풋맨들의 취미에 대해 이야기를 했다.

　「문장이 들어간 제복 단추를 모아서 케이스에 넣어두거나 편지 세트의 문장을 모아 앨범에 붙이기도 하고, 투각을 한 나무로 선반이나 파이프 받침대나 그림 액자 등을 만들어서 프렌치 폴리쉬French Polish, 셸락 니스, 동물성 천연 수지 광택제를 바르기도 한다. 견사나 털실로 자수를 두거나 어학 공부를 하는 사람도 있었다. 이것들은 좋은 직종에서 일할 때 도움이 되었다. 이를테면 자주 해외여행을 다니는 주인의 시종으로 일할 때 말이다.」

🌿 사용인 홀에서 가볍게 댄스 한마당. 왼쪽 안쪽의 남성 사용인이 아코디언의 일종인 콘서티나 Concertina를 연주하며 노래를 부르고, 메이드는 에이프런 차림으로 춤을 추며 즐거워한다. 『일러스트레이티드 런던 뉴스』 1886년.

§ 1860년대. 간편한 소형 명함판 사진Carte de visite이 대유행. 토마스 「노란 제복이 까맣게 찍히는 것이 아쉽군」, 「펀치」 1861년 7월 20일.

제복의 금속 단추에는 가문마다 그 가문의 문장이 새겨져 있다. 아마도 우표나 트레이딩 카드처럼 풋맨끼리 교환하며 모았던 것으로 보인다.

🥀 취미가 너무 많은 집사

수예를 말할 때 에릭 혼을 빼놓을 수 없다. 직장에서 그는 코바늘뜨기를 가르쳤다.

「이윽고 나는 어느 여자와 겨뤄도 지지 않을 정도로 레이스 뜨기와 뜨개질을 잘하게 되었다. 사용인으로 사는 동안 나는 몇 십 벌이나 되는 아이 윗도리를 만들었다. 실제로 여성들은 이 작은 윗도리를 가지기 위해 앞다투어 아이를 낳은 것이 아닐까 하는 생각도 들었다. 노인을 위한 숄을 만들어달라는 요청도 끊이지 않았다.」

소년 시절에 성가대에서 노래를 한 에릭에게는 음악적 소양도 있었다. 위층에서 음악회가 열리면 노래를 불렀고, 자선 공연에 여장을 하고 출연한 적도 있다. 악기 연주도 좋아해서 처음에는 콘서티나라 불리는 고풍스런 아코디언을 애용

✤ 1930년에 태어나 1960년에 집사가 된 피터 휘틀리와 그의 가족. 에릭 혼과 마찬가지로 뜨개질이 취미였던 듯하다.

했지만, 나중에는 바이올린으로 바꿨다. 대부분의 직장에서는 오후에 서너 시간 정도 여유 시간이 있었기에 배울 시간을 낼 수 있었던 것이다.

시종으로 승진하고 주인을 따라 여러 저택을 방문하게 되자, 모든 집에서 댄스 반주를 부탁했다.

「두 번째 방문한 집의 사용인은 나를 보자마자 하나같이 "피들fiddle, **바이올린의 서민적 표현**은 가져왔겠지?"라고 물었다. 아무리 지쳤어도 저녁 식사 후에 사용인 홀에서 춤을 못 출 정도로 지치지는 않았다.」

즉 일할 때 쓰는 에너지와 노는 데 쓰는 에너지는 다르다는 뜻이다.

또한 에릭은 시간이 될 때마다 카메라 조작법도 익혔다. 파티 기념사진을 찍어 현상한 뒤 대지臺紙에 붙여서 주면 사례를 받을 수 있어서 주머니가 상당히 넉넉해졌다고 한다. 처음에는 한 장에 1실링에. 원하는 대로 부르라는 말을 들었을 때는 여덟 장에 1소버린도 받았다. 이쯤 되면 전문 사진가 수준의 가격이다.

사생활도 자유롭지 못했고, 키가 모자라서 경력을 쌓는 것도 여의치 않았다는 둥 에릭 혼의 회고록은 전체적으로 푸념조가 강하다. 그렇지만 동료와 지낸 여가의 묘사는 활력이 넘쳐서 즐거워 보인다. 노래, 악기, 수예에 사진까지, 실로 다재다능한 집사였다.

제7장
집사의 추락

⟪ 여주인 「제임스! 깜짝 놀랐잖아.」 미스터 제임스 「저도 놀랐습니다, 마님! 외출하신 줄 알았는데」 빈티지 포트를 마음대로 꺼내 마시고 있는 모습을 들킨 집사. 『펀치』 1885 년 4월 18일.

고용주 (응모자에게) 「나는 저장실에 신경을 쓰는 편이네. 와인은 잘 아나?」 집사 「예, 이전 직장에서는 와인에 대해 제법 잘 아는 사람으로 통했습니다.」 시음을 과도하게 해서 얼굴이 온통 빨갛다. 『펀치』 1900년 10월 10일.

알코올 이라는 마물

「이제부터 나의 이야기는 별로 자랑할 만한 것이 아닌 부분으로 들어가겠습니다. 그렇지만 이 이야기를 하지 않고 넘어가면 거짓 인생을 사는 것과 마찬가지입니다. 가끔 집사로서 매우 큰 저택 두 곳을 동시에 운영해야 할 때가 있었습니다. 부릴 수 있는 사용인이라고는 전혀 훈련을 받지 않았거나 어슬렁하게 일을 익힌 사람들, 게다가 그 대다수는 외국인이었습니다. 영국의 방식을 잘 모르고 특이한 풍습이 있는 사람들 천지였습니다. 때문에 나는 엄청난 부담감을 느꼈습니다. 그리고 편한 길로 도망을 가고 말았지요. 특히 피로를 심하게 느낄 때에는 증류주를 한 잔 마시고 오후 일을 간신히 해냈습니다. 효과는 있었지만 다른 중독자들이 걸어온 길과 마찬가지로 한 잔은 두 잔이 되었고, 주량이 점차 늘면서 오히려 음주 때문에 피로와 짜증을 느끼는 나

극장에서 돌아온 주인 「잠깐만, 제임스, 자네…취한 건가?」 제임스 「네, 물론 취했습죠. 제가 누구 때문에 취했을까요? 바로 당신의 와인입니다!」 책임전가에도 정도가 있는 법. 「펀치」 1898년 12월 24일.

날이 계속되었습니다. 내 몸에 무슨 일이 일어나고 있는지는 알
고 있었지만, 눈 깜짝할 사이에 통제가 불가능해졌습니다.」

업무 스트레스로 인해 음주를 했던 피터 휘틀리의 안타까운 고
백이다. 그는 일손 부족으로 힘들어하던 1970년대의 일을 이야기
하고 있다. 사실 술에 의존하는 것은 드문 일이 아니라 집사나 남
성 사용인들의 전통적인 직업병이었다.

집사는 평상시에 와인 저장실 관리를 맡고 있으며, 시음도 했다.
시종은 부탁을 받으면 언제든지 칵테일을 만들었고, 밤에는 자기
전에 마시는 술을 방까지 가져다주었다. 주방장들은 요리에 사용
한다는 명목으로 위층에서 고급 와인을 받아와 절반만 쓰고 나머
지는 본인이 마셔버렸다. 연회장에서 남은 와인은 잔을 치우는 풋

맨의 위장 속으로 사라졌다. 남성 사용인과 술의 인연은 끊으려야 끊을 수 없을 만큼 깊었던 것이다.

이처럼 술을 가까이하는 사용인을 고용주들은 항상 의심의 눈초리로 지켜봤다. 와인 저장실을 제 것처럼 여기는 집사를 그린 풍자만화는 차고 넘치게 많았다. 오히려 집사라는 말에는 중년에 배불뚝이, 얼굴이 벌건 술주정뱅이라는 이미지가 항상 따라다녔다. 그리고 주인의 의심도, 풍자만화 속 이미지도, 대부분 현실에 입각한 것이었다. 어니스트 킹의 이야기가 그것을 뒷받침해주고 있다.

「'음주는 노동자 계급의 저주이며, 노동은 음주 계급의 저주이다. Drink is the curse of working classes. Work is the curse of the drinking classes.'라는 말이 있다. 술 때문에 죽은 집사 한 명과 풋맨 한 명을 알고 있다. 대다수의 보험회사가 술에 접근하기 쉽다는 이유

§ (왼쪽)출퇴근을 하는 청소부에게 술 한 잔 내주어도 된다는 허락을 구실로 최상급 포트 와인을 대접하는 집사. 그러나 청소부는 「늘 제가 먹는 설사약보다는 맛있네요.」『펀치』 1901년 9월 25일.
§ (오른쪽)안주인 「너 이 녀석! 와인에 손을 대다니!」 로버트 「용서해주세요, 마님. 그저 주인님이 건강하시기를 기도하고 있었을 뿐이에요!」 세상에나 페이지보이까지?! 『펀치』 1866년 5월 19일.

로 집사의 보험 가입을 거부하고 있다. 실제로 내가 처음 생명 보험에 가입하려고 했을 때, 담당자는 직업 칸에 집사 말고 시종으로 쓰라고 조언을 했다. 그래야 확실하게 수리가 되기 때문이다.」

술이 빚은 희극

심각한 문제이기는 하지만 남의 이야기라면 웃기는 이야기가 되기도 한다. 집사들의 회상에는 동료나 상사가 술 때문에 사고를 일으킨 일화가 예외 없이 포함되어 있다.

찰스 쿠퍼가 주영 독일 대사의 집에서 제1 풋맨으로 근무할 때, 때마침 에드워드 7세의 대관식(1902년)이 거행되었다. 그와 제2 풋맨은 의식용 마차 뒤에 서서 웨스트민스터(Westminster) 사원까지 동행했다. 한숨 돌릴 겸 펍Pub에 가니 그곳도 사람들로 넘쳐났다. 그리고 제2 풋맨은 축제 분위기에 휩쓸려 과음을 한 모양이었다.

「칼튼 하우스 테라스Carlton House Terrace로 돌아올 때까지는 아무런 문제도 없었다. 그런데 다 와서 무심코 고개를 돌린 순간, 제2 풋맨이 위험에 빠진 장면을 보게 되었다. 비틀거리다가 길 옆 도랑에 굴러 떨어진 것이다. 깃이 달린 삼각 모자는 허공으로 날아가고 신발 한 짝이 벗겨졌다. 그는 필사적으로 잡고 그 자리에 주저앉더니, 모자로 착각했는지 신발을 뒤집어쓰고 말았다. 주변에 모인 사람들이 갈채를 보냈고, 누군가가 그를 잡아 일으켜줬다.」

이 희극 같은 순간을 대사 각하는 보지 못했지만 제2 풋맨이 추태를 부린 것은 알게 되었다. 집사가 엄중 경고를 했지만 해고까지 가지는 않았다. 하지만 마차에 동행하는 업무는 두 번 다시 하지 못하게 되었고, 그 일은 모두 찰스 쿠퍼가 맡게 되었다.

손님의 앞에서 쓰러져 그대로 잠들었다거나 설거지가 귀찮아서 값비싼 잔이 가득 쌓인 쟁반을 창문 밖으로 던져 버렸다는 증언은 다른 사람의 이야기에서도 심심치 않게 찾아볼 수 있다. 박하 잎이나 커피콩을 씹어서 입에서 나는 술 냄새를 없애는 잔꾀도 전해져 내려오고 있다.

남성 사용인은 술 문제로 말썽을 부린다는 인식이 굳어진 것도 무리는 아닌 상황이다.

§ 운전수에게도 한 잔 주라고 보냈지만 그대로 되돌아온 풋맨. 「1911년 이후의 술은 일절 입에 대지 않기로 한 것 같습니다.」 『펀치』 1921년 7월 20일.

⚜ 요크셔 서부에 위치한 18세기의 저택 「노스텔 프라이어리」.

　빅토리아 시대나 에드워드 시대에는 술에 취해 주인에게 손해를
입히면 소개장도 유예기간도 없이 그 즉시 해고돼도 할 말이 없었
다. 술에 빠진 그들을 이해하고 배려하는 사람은 드물었다.

　제7장 첫 부분에 언급된 피터 휘틀리의 여주인은 그의 문제가
표면화된 후 돈을 들여 그를 치료 시설에 보냈고, 치료를 받고 돌
아온 뒤에도 계속 고용했다. 그러나 이것은 1970년대 이후의 이야
기다. 시대가 흐르면서 고용 관계에 대한 의식이 변했고, 알코올
의존은 도덕의 문제가 아니라 병이라는 인식이 확산되었다.

도박에 빠지다

　남성 사용인 사이에서는 술과 여자와 나란히 도박도 문제가 되
기 쉬웠다. 제2장에서 봤듯이 경마는 전통적인 상류 계급의 기호
이며, 또 서민의 기분전환이기도 했다.

　특히 경마장이 근처에 있거나 고용주가 경주마의 소유주이거나

경마와 관련이 깊은 집에서는 도박의 유혹이 도사리기 쉬웠던 듯하다.

요크셔의 저택 「노스텔 프라이어리Nostell Priory」는 유명한 동커스터Doncaster 경마장에서 30분 정도 걸리는 위치에 있다.

현지에서 소개된 정보에 따르면, 1880년 후반에 이 집에서는 이 집에 적합한 집사를 찾는 데 엄청난 고생을 했다고 한다.

일 년이 조금 넘는 기간 동안 이곳에서는 여러 명의 집사가 줄줄이 해고되었다.

1888년 9월, 미스터 J. 톰슨이 「만취로 인해 3주간 사전 예고 후 해고」. 1886년 6월에는 미스터 놉스가 「본인의 방에서 밤늦게까지 카드 파티를 벌였기에」 해고. 그리고 1889년 10월, 미스터 베네트는 「동커스터 레이스 위크에 과음을 해서」 불과 몇 개월 만에 해고되었다.

경주마의 주인은 귀족이고, 경주에 나갈 말을 관리하는 것은 그들의 사용인이다. 기수나 마구간 담당 사용인에게서 얻은 「확실한 정보」는 친척이나 친구, 사용인 동료의 정보망을 통해 여기저기 퍼지고, 도박을 좋아하는 사용인은 초조한 나머지 그만 자신이 낼 수 있는 금액보다 더 많은 금액을 걸고 만다. 그리고 얼마 후에는 어마어마한 빚에 허덕이게 된다. 이럴 때 그의 눈앞에는 반짝거리는 금·은식기, 떡하니 놓여 있는 고액권, 손안에 쏙 들어갈 만한 장식품이나 보석 등이 굴러다니고 있는 것이다. 유혹에 넘어가는 일은 시간문제였다.

에릭 혼이 백작가의 풋맨으로 있을 때, 상사인 집사가 이 패턴으로 파멸 했다고 한다.

「충분한 길이의 끈을 주면, 사람은 자기 손으로 목을 맨다Give someone enough rope and he'll hang himself라는 속담이 있다. 그 역시 딱 그 짝이었다. 내가 떠나고 반년 후, 그는 그 집에서 해고가 되었다. 간신히 다른 백작가에 다시 취직을 했지만, 그곳에서도 여전히 경마에서 손을 떼지 못했다.

사교 시즌을 맞이하여 고용주가 런던에 도착했을 때 원래대로라면 응접실에 장식되어야 할 작은 장식품들, 즉 오래된 회중시계, 브로치, 메달, 보석 등과 같은 소품들은 전용 귀중품 보관함에 잘 보관되어 있어야 할 터였다. 따라서 백작 부인이 이들을 꺼내 장식하라고 말했지만 집사는 꺼내올 생각을 하지 않았다. 그는 열쇠를 도저히 찾지 못하겠다고 말했다. 결국 화가 치민 백작이 직접 작업실로 갔다. 그래도 집사는 여전히 열쇠가 없다고 말할 뿐이었다. 백작은 기술자를 불러서 문을 억지로 열게 했다. 안은 텅텅 비어 있었다. 바인 거리에 있는 경찰서에서 사복 경관 두 명이 왔고, 집사는 모든 것을 자백했다. 대량의 전당표를 가지고 있었지만 이미 물건 대부분은 팔려 나갔다. 재판에서 유죄를 선고받고 6개월 형을 언도받았다.

런던 북부에 있는 펍 밖에서 말을 묶어두는 일을 하고 있다는 것이 내가 들은 그의 마지막 소식이었다.」

다시 말해 전과자가 된 이 집사는 개인 저택에서 일할 수 없게 되었고, 끝내 길거리 아이들이나 할 법한 일을 하면서 일당을 버는 수준까지 전락하고 만 것이다.

주인의 것은 나의 것

훔친 물건을 전당포에 맡겼다면, 경마에서 이기면 물건을 다시 찾아서 아무 일도 없었다는 듯이 돌려놓을 의지가 있었다는 뜻입니다. 그렇지만 망설이지 않고 장물아비에게 팔아치우는 사람도 있었고, 소비하면 증거가 없어지는 것을 고르거나 눈치채지 못하도록 오랜 시간에 걸쳐서 조금씩 가져가는 교묘한 횡령범도 많았다.

사용하면 없어지는 것의 대표는 먹을 것이다. 날마다 식사는 지

집사 「죄송하지만 그만두겠습니다. 룰렛이나 바카라라면 찬성하지만, 손님이 주사위 도박 같은 것을 하다니…… 하층 계급의 놀이이지 않습니까.」 계급의식이 강한 집사. 위층과 아래층 사이에는 고르는 도박도 다르다. 『펀치』 1922년 1월 4일.

급되었고, 성실하게 일을 하여 나오는 「폐기물」은 가져도 뭐라 하지 않았다. 그렇기에 조금 여분으로 가지고 있다가 가족에게 보내거나 「폐기물」에 새 것을 섞어서 양을 늘려도 대다수의 사용인은 죄 의식을 느끼지 않았다.

앞서 제5장에서 말했듯이 조지 워싱턴은 와인 코르크와 병을 팔아서 돈을 제법 많이 모았다. 연인이었던 스틸룸메이드 메이지의 집을 방문했을 때에는 근처 가게에서 사는 사람도 거의 없을 것 같은 값비싼 어린 양의 다리 부위를 사서 선물로 줄 수 있었다. 이 선물에 그녀의 가족은 대단히 감동하였다. 메이지는 웨일스의 가난한 탄광 마을 출신이었다. 아버지는 탄광에서 일하다가 실직 중이었고 형제자매도 많아서 늘 생활고에 시달렸다.

그 후로 조지 워싱턴은 음식이 부족하다는 불평은 일절 입 밖에 내지 않았다. 두 사람은 런던에 돌아온 후 정기적으로 그녀의 집에 음식을 보내게 되었다. 좋은 목적이었기에 「주방에서 음식을 훔쳐도 전혀 수치스럽다고는 생각하지 않았다」고 한다.

🖊 잼을 슬쩍하는 장면을 들킨 여자아이. 「정말 미안해. 엄마. 하지만 이런 자그마한 실수는 늘상 일어나는 일이잖아.」 어른스러운 소녀의 변명은 사용인의 절도가 흔한 일임을 암시한다. 「펀치」 1922년 3월 29일.

은식기, 금으로 된 라이터, 보석, 브랜

다나 와인, 고가의 향수. 호화로운 생활을 하는 주인 주변에 있는 물건들은 가치가 높고 훔치기 쉬운 것이었기에 절도의 표적이 되었다. 19세기 중엽, 한 저택에서 메이드들이 베개 속 깃털을 훔쳤다. 그리고 그 집의 집사와 가정부는 최고급 도자기를 가지고 사라졌다고 한다.

시종이나 레이디스메이드는 주인들이 입지 않게 된 옷을 「부수입」으로 챙길 수가 있었다. 그러나 불필요해졌는지 아닌지를 확인하지도 않고 조용히 챙기면 그것은 절도에 해당한다.

고든 그리메트는 「클리브덴」 저택의 풋맨으로 일하고 있을 때, 종종 체류객의 시종 노릇을 했다. 손님 중에는 당시 유명한 일러스트레이터인 찰스 다너 깁슨Charles Dana Gibson도 있었다. 그는 안주인 낸시 애스터 부인의 여동생인 아이린과 결혼한 사이었다. 오면 늘 많은 팁을 주고, 넥타이를 몇 개 풀어서 건네줬다. 「버리고와, 고든. 더는 필요없으니까」라고 말하지만 버릴 정도로 상태가안 좋아 보이지는 않았다. 집사인 에드윈 리가 「그것이 교육을 잘받은 신사가 헌 옷을 선물로 주는 방식이다. 감사히 받아둬」라고가르쳐주었다.

타이를 받는 일에 익숙해진 고든은 출발하는 신사들의 짐을 꾸릴 때, 물건 몇 개를 「깜박하고」 넣지 않게 되었다. 그 결과, 그는「셔츠, 조끼, 속옷과 양말로 구성된 소소한 컬렉션」을 모을 수 있었다. 그러던 어느 날, 세탁을 하고 있는 와중에 에드윈 리가 오더니, 손님의 문장이 들어간 옷을 보고 크게 꾸중을 했다. 예를 들어

길에서 습격을 받아 의식 불명인 상태로 병원에 이송되었다고 가정하자. 사람들이 옷에 있는 문장이 진짜 신분이라고 착각할 가능성이 있다. 「그렇게 되면 문제가 커진다. 아무리 귀족 분이 진짜로 옷을 주었다 해도 네가 그 문장의 주인인 척하는 것까지는 생각하지 않았을 것이야.」

상사의 경고는 별로 큰 효과가 없었던 듯하다. 「깜박하고 빼먹는 일」은 그 뒤로도 계속 되었기 때문이다. 다만 예전보다는 조금 더 신중해졌을 뿐.

어니스트 킹도 드 위치펠드가에서 일했을 때, 옷을 훔친 메이드를 본 적이 있다. 그녀는 훔친 옷을 소포로 포장하여 외부로 발송했다. 이니셜 자수는 떼어냈기 때문에 증거 은폐도 완벽했다. 발각됐을 때에는 주인의 옷장 하나가 거의 텅텅 비어 있었다. 계획적이고 대범한 범행이었다.

과일의 유혹

사용인의 절도를 철저히 감시하던 어니스트 킹이지만, 그러는 본인도 소싯적에 작은 「실수」를 저지른 적이 있다. 유혹을 뿌리치지 못하고 온실에서 키운 그 해 첫 딸기를 먹어버린 것이다. 자제력을 잃고 두 개째를 먹으려던 순간, 뒤에서 목소리가 들렸다. 「적당히 먹거라, 어니스트! 내 몫도 조금은 남겨놓아야지」 주인은 그 말만 하고 자리를 떠났다. 어니스트 킹에게 「생애 단 한 번뿐인 절

⊛ 런던에서도 최고급 타운 하우스였던 「그로브너 하우스Grosvenor House」에서 온갖 사치를 부려 만찬을 준비하는 하인들. 금ㆍ은식기, 대리석 조각, 그리고 꽃과 과일.

도」였다.

만찬 테이블을 장식하는 진귀한 과일의 향기와 빛깔은 그것을 옮기고 그릇에 담는 하인들에게 유혹의 씨앗이었다. 이것 역시 엄연히 주인의 재산이기에 손을 댄 사실이 발각되면 심각한 결과로 이어질 수도 있다. 그런데 자신의 그런 행위를 회고록에 남긴 경우, 주인이 관대하게 용서를 해주거나 들키지 않고 잘 넘겼다는 「결말」로 끝나는 경우가 많다.

프레더릭 고스트의 경우, 문제는 복숭아였다. 그가 젊은 시절에 하인으로 일하던 「가든 파크」 저택에서는 「지주님의 페르시아 복숭아」가 명물이었다. 점심 식사 테이블을 정리하다가 바구니 속에서 마치 밀랍 공예품처럼 아름다운 복숭아를 발견한 프레더릭은 무심결에 하나를 집어 먹고 말았다. 너무나도 맛있어서 입 안에 든 씨앗을 쪽쪽 빨면서 작업을 계속했다. 그러다가 문득 고개를

剿 생화가 장식되어 있고, 한가운데 당당히 과일이 놓여 있는 식탁. 사교 시즌 묘사의 대가 조르주 뒤 모리에(George du Maurier의 풍자화.

돌렸는데, 언제 왔는지 문에 가정부가 서 있었다.

뱉으면 걸린다. 이로 부술 수도 없다. 진퇴양난의 상황에서 프레더릭은 씨앗을 삼키기로 했다. 그리고 설마 그렇지는 않겠지, 하고 두려워하던 대로 씨앗은 목에 걸리고 말았다. 「훔친 복숭아로 인해 유명을 달리한 프레더릭 고스트, 여기에 잠들다」라는 묘비 문구가 뇌리에 스쳤다. 하지만 아슬아슬한 순간에 가정부가 눈치를 챈 덕분에 대량의 빵과 피마자유를 먹고 무사히 넘길 수 있었다.

프레더릭은 직장을 계속해서 옮기면서 출세를 하고, 이윽고 왕실 하인이 되었다. 포틀랜드 공작가의 런던 타운 하우스에서 왕을 대접하는 만찬을 준비할 때에는 컨트리 하우스의 포도밭에서 키운 포도를 가져오게 했다. 평평한 황금 접시에 예쁘게 담고 포도알을 떼어내기 위한 황금 가위도 준비했다.

이 귀중한 포도를 어느 날 도둑맞고 말았다. 왕이 참석한 연회에는 다른 과일을 내가서 위기를 무사히 넘겼으나 이튿날, 프레더릭은 추가 인원으로 궁전에서 파견된 하인이 훔친 것을 알게 되었다. 이 남자는 만찬회 날에 훔친 포도를 문이 달린 작업실 싱크대에 몰래 숨겨놓았다. 그리고 이튿날, 프레더릭이 혼자 있을 때 찾아와서는 눈앞에서 당당히 꺼내간 것이다. 다른 사람에게 말하면 가만 두지 않겠노라고 남자는 협박을 했다. 그리고 결과는 도둑의 뜻대로 되었다. 저택 관리인이 현상금 5파운드를 걸고 정보를 모았지만, 프레더릭은 보고하지 않았다.

> 「거금을 준다 해도 나는 사용인 동료를 파는 짓은 하지 않는다. 만약 고가의 금식기가 도둑맞았다면 상황은 달랐을지도 모른다. 그렇지만 나에게 포도는 밀고자라는 비난을 받으면서까지 지킬 만큼 귀중한 것이 아니었다.」

아래층에서는 「동료의 정보를 위에 전하는 행위」를 그 무엇보다 싫어했다. 포도를 가져가서 주인과 관리인에게 칭찬을 받는 것과 동료에게 미움을 받고 그 후에도 쭉 가시방석에 앉은 느낌으로 일하는 것을 저울질하면, 답은 저절로 나올 수밖에 없었다.

현금 횡령

어니스트 킹이 아는 어느 귀족에게는 빳빳한 5파운드짜리 새 지폐를 다발로 가지고 다니는 습관이 있었다. 매일 밤마다 쓰지 않은 돈을 사이드 테이블에 놓고 잤다.

§ (위쪽)파티를 열 때만 근처 청과물 잡화점의 점주를 급히 데려와서 집 사로 쓰는 집. 하지만 드레스 차림 의 손님들에게 자신의 가게 홍보를 하고 있다. 「펀치」 1871년 달력.

§ (아래쪽)석탄재를 넣은 워밍 팬을 들고서 침실이 비기를 기다리는 하 우스메이드. 19세기 초로 추정.

「어느 날 아침, 자신의 집에서 자고 일어난 그는 지폐가 네 장 밖에 없는 것을 알았다. 분명히 어젯밤에는 다섯 장이 있었다. 그는 시종을 불렀다. 30년 가까 이 일한 남자였다. 추궁을 하자 시종은 매우 부끄러워하는 모 습을 보였다. 더 강하게 캐묻자 그는 매일 밤 5파운드 지폐를 한 장씩, 몇 년 동안 착복했음을 시인했다. ……그는 형무소로 이송되었을까? 아니. 해고는 당 했지만, 관대하게도 그 귀족은 자신의 영지에서 사는 것을 허 락했다.」

하루에 5파운드씩 몇 년 동안 꾸준히 가져갔다고 한다면 액수는 엄청났을 것이다.

방치된 현금에 손을 댔을 뿐만 아니라 장부를 조작해서 거액을 횡령한 사람도 있었다. 많은 집에서 금지했지만, 납입업자로 선정 하는 대신 일정 비율로 수수료를 받기로 「합의」를 본 주방장이나 요리사는 끊이지 않았다.

18세기 말부터 19세기 초에 걸친 기간 동안 노포크에 위치한 홀컴 홀에서는 주인인 토마스 코크가 영지 운영 업무를 직접 맡아서 했다. 콜드웰이라는 토지 관리인이 임차인에게서 고액의 뇌물을 받아 10만 파운드나 되는 금액을 모았다는 의혹이 제기된 것이다.

고용주의 돈을 직접 빼앗은 것은 아니지만, 거액의 임대료를 중간에서 가로채는 것도 그와 다를 바가 없었다. 다행히 1816년에는 신뢰할 수 있는 유능한 인재를 찾았다. 코크는 새 에이전트인 프란시스 블레이키와 협력하여 영지의 수지를 호전시켰다.

사형대로 가는 길

돈이나 소유물에 피해를 봐도 목숨까지 빼앗기지는 않는다. 그렇지만 실제로는 사용인이 주인을 살해한 사례도 적지만 기록에 남아 있다.

특히 1840년에 프랑수아 쿠르부아지Françoise Courvoisier가 일으킨 사건이 유명하다. 그는 스위스인 시종으로 베드포드 공작과 혈연 관계에 있는 윌리엄 러셀William Lassell 경을 모셨다. 이 주인은 매우 신경질적이어서 평소 사소한 일을 가지고도 쿠르부아지를 질책했다. 범행 당일, 주인은 한밤중에 호출 벨로 시종을 부른다. 그는 눈치 있게 워밍 팬Warming pan, 침대를 덥히는 도구. 긴 손잡이가 달리고 뚜껑이 있는 금속제 도구. 프라이팬과 비슷하다. 달군 석탄을 안에 넣고 침대를 다린다를 들고 왔지만, 경은 그 점을 꾸짖으며 먼저 무슨 일인지 물어보러 오라고 말했다.

그런데 약 20분 후, 또다시 벨을 울리더니 침대로 워밍 팬을 가져오라고 하면서 더욱 주의 깊게 일하라고 싫은 소리를 했다. 급기야 만찬실로 내려온 윌리엄 경은 쿠르부아지에게 쓸모가 없다고 맹비난을 하고 해고를 통보했다. 잠시 후 쿠르부아지는 사이드보드에 있던 칼을 가지고 주인의 침실로 가 경의 머리를 반쯤 분리될 정도로 깊이 찔러서 잘라놓고 자신의 침대로 돌아왔다.

쿠르부아지는 현금 10파운드와 금과 은으로 만든 물품을 몇 개 훔쳤다. 하지만 이는 강도의 소행으로 보이게끔 꾸미기 위해서지, 돈이 목적이었던 것은 아닌 것으로 보인다. 혹사를 당하고 모욕을 당하고, 자긍심을 짓밟힌 원한이 차곡차곡 쌓인 가운데 무능하다는 낙인까지 찍히고 해고되자 앞길이 막혔다는 생각에 이성을 잃고 만 것이다.

충실해야 할 시종이 믿기지 않게도 주인을 끔찍하게 살해한 사건은 큰 반향을 일으켰고, 그의 공판에는 많은 귀족이 몰려왔다고 한다.

쿠르부아지는 뉴게이트Newgate에서 교수형을 당했다. 1868년에 법으로 규제되기 전까지 사형 집행은 일반인에게 공개되었고, 많은 사람이 구경하는 민중 오락이었다. 구경꾼 중에는 『허영의 시장Vanity Fair』을 쓴 윌리엄 새커리William Thackeray나 찰스 디킨스와 같은 작가도 있었다. 빅토리아 시대 중기부터 말기까지는 범죄, 특히 살인 사건, 불륜, 광기와 수수께끼를 한데 엮어서 독자의 흥미를 유발하는 「센세이션 소설」이 유행했다. 세간의 이목을 모은 이 사건은 그러한 소설이 생겨난 바탕 중 하나가 되었던 것은 아니었을까.

가사사용인이 되면 식사와 주거는 보장이 된다. 현재를 기준을 봤을 때 노동 시간은 길지만, 농업이나 광산업 등 동시대의 다른 남성들이 종사하던 직업과 비교하면 특별히 육체적으로 힘든 업무였다는 생각은 들지 않는다.

성적 욕구에 관해서는 규제가 있었지만 직장에는 늘 젊은 여성이 많았고 노력 여하에 따라서는 외부에서 여성을 찾을 수도 있었다. 다시 말해 대저택의 남성 사용인은 신체를 둘러싼 기본적인 욕구 면에서는 그 나름대로 만족도가 높은 수준이었던 것이다. 그런데도 결국 만족하지 못하고 타락하거나 업종을 바꾸거나 사용인을 그만두고 떠난 사람들은 대체 무엇이 부족했을까.

개인이 개인을 모시는 직종에서는 많은 것이 고용주의 뜻에 따라 좌우된다. 마지막 장에서는 주인과의 관계에 대해 검토해보자.

§ 교수대를 둘러싼 많던 구경꾼들. 19세기 초, 공개 처형은 오락이었다. 속보 기사에 여러 번 사용되었다고 하는 범용 판화.

20세기의 살인 집사, 로이 폰테인(Roy Fontaine)

❁「괴물 집사」가 살아온 길

「나는 도둑이다. 지금까지 쭉 그랬다. 당신의 상상대로 아주 뛰어난 도둑이었다.」

2002년 10월. 아치볼드 홀Archibald Hall의 부고가 전해졌다. 1924년, 글래스고 Glasgow에서 태어나 향년 78세. 스스로 지은 가명은 로이 폰테인이었다. 그에게는 범죄자로서의 별명도 있다. 바로「괴물 집사」. 1970년대에 집사로 부잣집에 위장취업하여 다섯 명이나 사람을 살해한 것으로 유명하다. 1978년에 종신형 판결을 받고 이후 감옥 안에서 살았다.

1940년, 당시 열여섯 살이었던 그는 근무하던 상점의 여주인과 애인 관계가 되었다. 명망이 있던 그녀와의 교제를 통해 우아한 취미를 익혔다. 그 관계를 이어가면서 그는 상점의 돈을 훔쳤다. 친한 관계를 쌓고 상대에게서 금품을 훔치는 그의 수법은 어릴 때부터 이미 시작된 것이다.

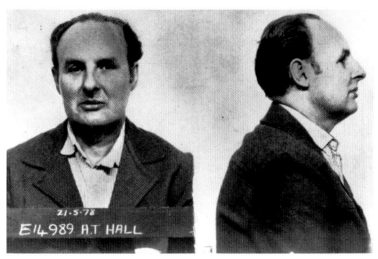

❁ 1978년에 종신형 판결을 받은 로이 폰테인(**아치볼드 홀**). 노먼 루카스Norman Lucas&필립 데이비스Philip Davies 저,「괴물 집사Monster Butler」(1979)에서 인용.

세련된 언행으로 인해 신사처럼 보이는 그에게는 거의 항상 여성 조력자가 있었다. 그와 동시에 부자나 유명인 남성과도 관계를 맺었고, 젊은 남성 애인도 있었다. 오는 사람은 막지 않았고 누구든 동시에 사귀었다. 그러나 진정으로 사랑한 것은 남자였다고 그는 자서전을 통해 고백했다.

부동산 사기, 보석점 강도, 빈집 털이 등을 반복하고 체포되고, 탈주를 반복했다. 한 직장에 진득하니 있던 적도 있지만 그것은 훔칠 목표물을 찾기 위해서였다. 한 마디로 말해 로이 폰테인은 절도범이라는 직업을 가진 양성애자였다.

열 살 정도 된 로이. 그는 어릴 때부터 영화 세계에 매료되어 상류 계급을 동경했는데, 체포된 후에도 감옥에서 자신의 경력을 화려하게 꾸며 미디어에 말하기를 좋아했다.

그가 「세상의 이목을 피하기 위해」 선택한 가짜 직업은 집사였다. 1950년대 이후, 그는 이따금씩 부유한 집의 집사로 일하게 되었다. 가사 사용인의 경험은 전무했으며, 감옥 안에서 책을 읽고 공부한 것이 다였다. 구인 정보는 『태틀러The Tatler』, 『전원 생활The Country Life』, 『더 레이디The Lady』 등 신사숙녀를 대상으로 한 고급 잡지에서 찾았다. 소개장은 은밀한 루트를 통해 위조하고 그 뒤에는 언변으로 어떻게든 얼버무렸다. 서면으로 된 소개장을 「레퍼런스Reference」라 하는데, 이전 고용주에게 전화로 문의하는 경력 조회도 「레퍼런스」다. 로이는 목소리를 변조하여 전화를 받고 자기가 자기 자신을 추천하는 수법도 썼다. 이 책에서 소개한 제2차 세계대전 이전의 고참 집사들이 그만큼의 경력을 쌓는 데 고심한 것을 생각하면 격세지감이 든다. 세월의 흐름에 따른 변화일까, 아니면 로이 폰테인의 뛰어난 사기 재능의 결과물일까.

🐾 사체를 유기하러 스코틀랜드로

1977년, 3년 동안의 복역을 마친 로이 폰테인은 스코틀랜드에 위치한 저택 「칼턴 하우스Carlton House」의 집사로 고용되었다. 얼마 안 있어 형무소 시절부터 애인 관계였던 데이빗 라이트라는 젊은 남성이 말단 사용인으로 들어왔다. 로이는 한동안 쾌적한 생활을 즐기면서 천천히 여주인이 가진 보석의 가치를 가늠할 생각이었다. 그런데 데이빗은 빨리 결과를 내라고 종용하면서 범죄 이력을 폭로하겠다고 협박하는 것도 모자라 술에 취해서 총까지 쐈다고 한다. 참을 수 없었던 로이는 그에게 총사냥을 핑계로 유인한 뒤 쏴 죽이고 말았다. 첫 살인이었다.

결국 익명의 전화로 도둑인 것이 밝혀지면서 로이 폰테인은 런던으로 떠났고, 전 국회의원인 스콧 엘리엇Scott Elliot의 집사가 된다. 두 번째 희생자는 스콧 엘리엇의 부인이었다. 도둑질을 하기 위해 동료인 키토를 끌어들였는데, 그 장면을 목격한 부인을 베개로 질식사시켰다.

로이는 오랜 친구인 메리 코글을 불러서 죽은 부인으로 변장시킨 뒤 약으로 정신을 몽롱하게 만든 주인 스콧 엘리엇을 밖으로 유인했다. 그리고는 키토, 메리와 함께 고급 자동차를 몰고 스코틀랜드로 떠났다. 장거리 여행 끝에 부인의 시체는 버리고, 주인도 때려서 죽인 뒤 묻어버렸다.

메리 코글은 위장을 위해 입었던 밍크코트에 미련을 버리지 못해 자신의 발목을 잡을 거라 판단하여 죽였다. 마지막 희생자는 로이의 동생 도널드 홀. 원래도 싫어했지만, 형의 강도 계획에 집요하게 관심을 두었기에 죽었다. 계속해서 살인을 저지르면서 점점 처리는 조잡해지고, 동기는 가벼워졌다. 도망치지 못한 것도 무리는 아니었다.

로이 폰테인은 아름다운 보석이나 골동품을 접하고, 고급스러운 옷을 입고, 상류층 사람들과 섞이는 것을 매우 좋아했다. 어느 고용주의 신분을 사칭해서 감쪽같이 여왕의 가든파티에 간 적도 있다고 주장하고 있다.

그는 표면적으로는 집사 일을 하고 있었지만 아마도 마음까지 집사였던 적은 단 한 번도 없었을 것이다. 그럼에도 그의 세련된 행동거지에 많은 사람이 속아 넘어갔다. 전통이라는 가면을 쓰고 격식을 연기할 수 있었다. 어떤 의미로는 그 누구보다 집사다운 존재였을지도 모른다.

첫 번째 희생자 데이빗 라이트. 삼류 도둑으로 로이와는 스물한 살 차이가 나며, 그가 시키는 대로 했다는 증언도 있다.

제8장
집사와 주인

아름다운 귀부인을 향한 숭배

「"당신이 내 쪽으로 새로 온 풋맨인가요?"하고 그녀가 물었다.
"하워드 경에게서 당신을 채용했다는 이야기를 들었어요. 만나
서 반가워요."나는 그녀의 낮고 노래하는 듯한 목소리를 듣고 몹
시 우아한 사람이라고 생각했다. 게다가 내 예상보다 훨씬 젊었
다. 그렇게 아름다운 사람은 그 전까지 거의 본 적이 없었다.
「"예, 마님. 저는 고스트라고 합니다. 안녕히 다녀오셨습니까."」

남성 사용인에게 있어 아름다운 여주인을 바로 곁에서 보필
할 수 있는 것은 최고의 기쁨이었다. 아름다울 뿐만 아니라 지위
와 재산도 있으며, 행동거지까지 우아하고 세련됐다면 두말할 것
도 없었다. 20세기에 막 들어섰을 무렵, 프레더릭 고스트가 여행
의 시중을 드는「트래블링풋맨Traveling footman」이 되어 모신 하워드
경 부인이 바로 그러한 귀부인이었다. 또한 프레더릭은 저녁 식사
후, 응접실 밖 홀에 비치된 의자에 앉아서 대기하는 것을 좋아했
다.「보이지 않는 청중 중 한 명」이 되어 그녀가 켜는 바이올린 음
률에 귀를 기울일 수 있었기 때문이다.

프레더릭 고스트 말고도 마님에게 심취한 젊은 풋맨은 또 있었
다. 조지 슬링스비가 경애하던 사람은 포틀랜드 공작 부인 위니프
레드. 늘씬하고 큰 키에 우아한 몸놀림으로 사교계의 여왕이었다.
조지 슬링스비는 그 당시「웰벡 애비」저택의 제3 풋맨이었다.

이 저택에서는 12월 31일 밤에 성대한 가장 무도회를 여는 풍습이 있었다. 그날이 다가오면 아래층 사용인들은 공작 부인이 무슨 옷을 입을지에 대한 이야기로 떠들썩했다. 간혹 가다 「동화 속 왕자님 같다」는 소문이 퍼졌지만 그것은 부인이 본인 입으로 흘린 거짓 정보였고, 비밀은 늘 지켜졌다.

어느 날, 남자들이 크리스마스 준비를 하면서 「사귀고 싶은 여성 스타일」에 대해 이야기를 나누게 되었다. 조지의 이상형은 당연히

❋ (왼쪽 하단)조지 슬링스비. 19세. 「웰벡 애비」에서 풋맨으로 일했을 당시의 제복 차림.
❋ (오른쪽)포틀랜드 공작 부인 위니프레드 Winifred(1863 ~ 1954). 키가 크고 외모가 수려하다고 알려져 있다. 프레더릭 고스트의 증언에 따르면 그녀의 키는 6피트 2인치188cm나 되었다고 한다. 존 싱어 사전트 John Singer Sargent가 그린 초상화 1902년.

공작 부인이었다. 「아름답고, 귀엽고, 성격도 좋다」에서 시작한 칭찬이 점점 과열되어 종국에는 「만약 부인과 춤을 출 수 있다면 주급의 절반을 지불할 수 있다」는 말까지 나왔다.

그저 가볍게 한 말이었는데 동료들이 부추기는 바람에 「변장하고 몰래 위층 무도회에 들어가서 공작 부인에게 춤을 청하고 성공한다면 모두에게서 1/2소버린 금화를 한 장씩 받겠다」는 내기로 발전했다.

성공할 리가 없다고 생각했지만 주위의 등쌀에 조지는 동료들과 함께 동네 의상실에서 피에로 의상을 구입했다. 두근거리는 마음으로 우스꽝스러운 옷을 입고 파티용 마스크Domino mask를 쓴 뒤 무도회장에 들어갔다. 부인의 의상은 17세기의 여배우이자 찰스 2세의 애인 넬 귄Nell Gwyn이었다.

공작 부인과의 댄스

「"함께 춤추실까요, 마담?"

공작 부인은 미소를 지으며 댄스 플로어로 그를 인도했다. 춤추고 있는 사람들 사이에 섞여 있어도 두 사람의 스텝은 호흡이 딱 맞았다. 들키지 않을까 조마조마했던 조지의 두려움은 춤을 추고 있다는 기쁨에 휩싸여 눈 녹듯 사라졌다. 누구도 신경을 쓰지 않았다. 건방진 사용인이 자신들 속에 섞여 공작 부인을 빙글빙글 돌리고 있다고 그 누가 생각이나 했을까. **(중략)**

"춤을 잘 추는 아이네."

조지는 감사하다고 인사를 하며, 파트너가 훌륭해서 실수하려야 할 수가 없었다고 작게 중얼거렸다. 그러자 그녀는 듣기 좋은 목소리로 웃으면서 이렇게 말했다.

"어쩜 기분 좋은 말을 하네. 만약 네가 내 제3 풋맨이었다는 사실을 몰랐다면 틀림없이 전문 댄서라고 생각할 뻔했어.」

이미 들킨 것이었다. 조지는 부끄러운 나머지 쥐구멍에라도 숨고 싶었다. 그러나 공작 부인은 또 한 번 쿡쿡 웃으며「그렇게 어두운 표정 지을 필요 없단다. 12월 31일이잖니. 해고는 하지 않아」라고 말했다.

이런 모습을 보면 더욱 빠져들 수밖에 없으리라. 마치 주군의 부인에게 절대적인 헌신을 바치는 중세 시대의 기사도적 연애가 재현된 듯하다.

삐걱거리는 주종관계

친절하고 고결하며 아름다운 안주인만 있었다면 사용인도 행복했겠지만 당연히 그렇지는 않았다.

1860년대부터 1920년대까지 다양한 집에서 근무했던 에릭 혼의 경험에 의하면「사용인을 인간으로 대해주는 좋은 직장」이 있기는 했지만 전체로 따지면 극소수였다고 한다. 그런 집은 있기 편해서 전임자가 웬만하면 그만두지 않았고, 누군가 그만둬도 친척이나 친구의 입소문을 통해 금방 자리가 찼기 때문에 들어가기 매우 어려웠다.

「사용인은 고용주의 소유물처럼 취급된다. 자기 좋을 대로 만들거나 망가뜨릴 수 있다. 그런 일이 가능한 것은 '소개장' 때문이다. 명칭만 사용인일 뿐, 그 외의 점에서는 노예와 다를 바가 없다.」

에릭이 말하는 「소개장 때문」이란 얘기는 도벽이 있다거나 거짓말을 한다거나 능력이 없다는 등의 나쁜 특징을 소개장에 써서 사용인의 장래성을 빼앗는 것을 가리킨다. 아무리 그 전까지의 경력이 화려하더라도 가장 최근에 모신 주인이 도둑이라고 평가한다면 이후로 좋은 직장은 바랄 수 없었다.

✦ 하인 면접. 마치 말이라도 고르듯이 지금 있는 사용인과 키가 맞는지를 체크한다. 「펀치」게재.

1854년에 태어나 사용인 경력을 차근차근 쌓은 윌리엄 랜슬리는 저택 관리인 수업을 시작한 1880~90년대를 회상하며 「레이디들은 사용인 헐뜯기에 바빴다」라고 써놓았다.

「다섯 시 티타임」에 방문한 친구들에게 불평불만을 늘어놓은 것인데, 그런 푸념이 사용인 귀에 들어가면 주인들에게도 좋지 않은 결과를 초래했다.

> 「보답이라는 듯이 그 집은 블랙리스트에 올라가고, 구인이 있어도 절대로 가지 말라는 경고가 돌게 된다. 흔히 사람들은 좋은 사용인이 매우 적다고 말한다. 그러나 개인적으로는 절대 그렇게 생각하지 않는다. 사용인 사이에서 평판이 좋은 집은 공석이 생겼을 때 응모자가 적어서 곤란할 일이 없었다. 채용이 끝난 후에도 계속해서 오는 구직자에게 사용인이 부족한 다른 집 이야기를 하면, "감사합니다만 그곳에는 별로 가고 싶지 않습니다."라고 거절하는 경우도 여러 번 있었다. 이유를 듣지 않아도 같은 사용인으로서 그 마음은 충분히 이해힐 수 있있다. 그런 집은 무언가 문제가 있거나 억울한 누명일 수도 있지만 악질이라는 낙인이 찍혔기 때문이다.」

기가 센 마님과의 갈등

높은 급료, 의식주, 철저하게 정해진 근무시간과 같은 노동 조건은 다른 집과 비교할 수 있는 수치상의 기준이 된다. 그러나 고용

※ 사전트가 그린 1908~9년경의 낸시 애스터 부인(1879 ~ 1964). 1919년에 남편 월도 프 애스터가 아버지의 작위를 계승함으로써 자작 부인이 되었다.

주나 동료의 성격을 기준으로 「열악한 환경인가 아닌가」를 판단하는 것은 그 안에 있는 사람밖에 할 수 없다. 잔소리가 심한 안주인이든 폭력을 휘두르는 주인이든 상관없다는 가치관이 본인 안에 내재되어 있다면 치명적인 문제는 되지 않겠지만 말이다.

에드윈 리가 모신 애스터 자작 부인 낸시는 자기주장이 강했으며, 최초의 여성 하원의원이 되었을 정도로 대단한 인물이었다. 그녀는 리가 갓 집사가 되었을 당시, 마치 「이유 없이 싫다」는 듯한 태도로 그가 하는 모든 일을 비판하고 간섭했다.

「부하의 업무에 지장이 생기는 지경에 이르자 제 인내심도 그리 길지 않으리라는 예감이 들었습니다. 어느 날. 그녀는 밤중에 저를 응접실로 부르더니 가족이 보는 가운데 크게 꾸짖었습니다. 더는 버틸 수 없다는 생각이 들었습니다. "마님. 죄송하지만 아무래도 저는 마님을 만족시키지 못할 것 같습니다. 이쯤에서 물러나겠습니다."

"사직 통보를 하겠다는 거야, 리?" 그녀의 눈이 반짝 빛났습니다.

"예. 마님. 그만두겠습니다."

제가 뒤로 돌아 나가려고 하자, 그녀는 달려왔습니다.

"리. 그렇다면 어디로 가는지 가르쳐줘. 나도 같이 갈테니까."

1937년에 열린 조지 6세의 대관식에 가는 애스터 자작 부인. 흰 담비 가죽으로 옷깃을 장식한 의식용 로브를 입고 있다. 그 옆에서 옷매무새를 가다듬고 있는 사람은 애스터 자작의 시종인 아서 부셸. 이 당시 레이디스메이드인 로지나는 위층에서 보석을 관리하고 있었다.

그런 말을 하는 사람한테 대체 뭐라 해야 할까요! 우리는 그냥 웃고 말았습니다. 그 후로 한동안 그녀의 태도는 부드러워졌습니다.」

아마 개성적인 여주인이 자기 나름대로 유머를 담아 「사실은 믿고 의지하고 있다」는 마음을 표현한 것으로 보인다. 젊은 하인들은 감히 쳐다보기도 힘든 고귀한 레이디들에게 일방적인 경애를 바쳤으나 가장 높은 위치인 집사 자리까지 오르면 거리감은 또 달라진다. 대등하다고는 할 수 없지만 서로 의사는 주고받을 수 있었기 때문이다.

집사가 본 어느 신사의 비극

에릭 혼은 고용주에게서 500파운드라는 큰돈을 받지 못한 적이 있다. 그것은 신분 차이가 나는 결혼과 술에 얽힌 슬픈 이야기였다. 에드워드 7세와도 관련이 있는 젊고 부유한 신사를 집사 겸 시종으로서 모시고 있었을 때의 일이다.

「일한 지 얼마 되지 않아 나는 이 집의 문제가 무엇인지 이해했다. 주인은 자신보다 신분이 훨씬 낮은 상인의 딸과 결혼한 것이다. 좋은 가문의 많은 젊은이들이 여배우나 코러스 걸 같은 아가씨와 결혼해서 인생을 망치고 있는데, 주인도 그중 한 명이었다.」

부인의 얼굴은 인형처럼 귀여웠지만 성격은 최악이었고, 얼마 가지 않아 두 사람은 불화를 겪게 된다. 그리고 주인은 알코올에 빠졌다. 에릭은 집사가 술을 마시게 놔뒀다는 부인의 책망을 듣고 와인 저장실 열쇠를 그녀에게 넘겼다. 술이 끊긴 주인은 열쇠를

받지 못한다는 것을 알자마
자 도끼로 문을 부숴버렸다.

술 가까이에 가지 못하도
록 아무리 손을 써도, 밖으로
나가면 속수무책이었다. 만
취해서 정신을 못 차리는 주
인을 핸섬 캡Hansom Cab, 현대의
택시에 해당하는 이륜마차에 태워 신
사 클럽에서 데리고 돌아온
일도 여러 번 있었다. 다음
날 아침이 되면 위를 자극하
는 풍미가 강한 스프를 준비
했지만 몇 입 먹지도 않고 다
시 위스키소다위스키에 소다수를 탄

 로지 부트Rosie Boote(1878 ~ 1958) 아일
랜드 출신 여배우. 헤드포트Headfort 후
작 부인이 된다. 그녀가 속한 「게이어티
극장Gaiety Theatre」의 여배우들은 「게이
어티 걸즈Gaiety Girls」라 불렸는데, 19세
기말부터 에드워드 7세의 시대에 걸쳐
그 상당수가 귀족을 남편으로 맞았다.
1901년.

음료만 찾았다. 차분히 설득하면 잠시 동안은 말을 듣는 척하다가
도 밤에는 또 다시 원래대로 돌아갔다.

집사의 고생은 극히 드물게 보상을 받았는데, 맨 정신일 때의 그
는 매우 반듯한 신사였다.

「어느 날 그가 평생 신사 가문의 사용인으로 살 생각이냐고
물었다. 나는 돈을 충분히 모으면 그만두고 뭐가 됐든 작게 장
사를 해볼 생각이라고 대답했다.

"장사를 시작하는 데 얼마가 들지?"하고 그가 물었다.

500파운드는 있어야 그럭저럭 괜찮게 시작할 수 있다고 생각합니다."라고 나는 대답했다.

"그렇군."하고 그는 중얼거렸다. "아무래도 나를 걱정해주는 사람은 자네 한 사람뿐인 모양이야. 만약 계속 나와 함께 있어준다면 그 금액을 줄 수도 있네."」

이 심약한 신사는 사이가 안 좋은 아내보다 자신을 돌봐주고 챙겨주는 집사 겸 시종이 더 애정을 준다는 느낌을 받았을 수도 있다. 끝내 술 때문에 마차 전복 사고까지 일으키자 부인의 인내심은 한계에 달했다. 그녀는 남편을 방에 가두고 문을 잠가버렸다. 주인은 집사의 이름을 계속 부르짖었지만 부인은 열지 못하게 했다. 며칠 후, 그는 숨진 채 발견되었다. 약속한 500파운드는 서면으로 작성하지 않았기에 당연히 받지 못했고, 해고를 당한 에릭은 급료만 받고 그 집에서 나와야 했다. 결국 어떤 가정의 비극도 집사에게는 그저 직장에서 일어난 일 중 하나로 스쳐 지나갈 뿐이었다.

🐾 앵글시Anglesey 후작의 아들 빅터 파제트Victor Paget와 게이어티 걸즈 출신 올리브 메이Olive May. 1913년에 결혼했지만 1921년에 이혼. 그러나 그녀는 그 이듬해에 다른 백작과 재혼하였다.

극한 상황 속의 헌신

철저히 일로만 생각하는 집사도 있었지만, 일의 차원을 넘어서까지 헌신하던 사람도 있었다. 「신분의 격차」를 받아들이고 무슨 일이든지 자기 자신보다 고용주 일가를 우선하는 것이 당연하다고 생각하는 사용인이었다.

조지 슬링스비가 서 프레더릭 오르-루이스Sir Frederick Orr-Lewis라는 캐나다인 대부호의 시종으로 일할 당시, 그는 주인의 업무 사정으로 몇 번이나 대서양을 건너다녀야 했다. 그리고 1915년 5월, 조지가 스물여섯 살일 때 운명의 항해를 떠났다. 호화 여객선 루시타니아호RMS Lusitania는 뉴욕에서 돌아오는 길에 독일군 잠수함인 U보트에게 공격을 받았고 끝내 침몰할 운명에 처하고 말았다. 희생자가 1,000명이 넘어 타이타닉 호에 육박하는 참사였으며 1차 대전에서 미국이 연합군에 가담하는 계기 가운데 하나가 되기도 했다.

조지는 주인과 친구인 앨런 부인, 그녀의 어린 딸 두 명, 그리고 앨런 부인의 시종과 동행했다. 어뢰가 격돌하고 충격이 일었다. 혼란스러운 가운데 조지는 구명구를 세 개 확보한 뒤 서둘러 여성들이 있는 곳으로 갔다.

「"울지 마요, 엄마. 이제 괜찮아요. 조지가 와줬으니까. 조지라면 분명 어떻게 해야 할지 알고 있을 거예요."

조지는 말로 표현할 수 없는 감정에 휩싸였다. 사용인으로 살아온 지난날의 인생을 경멸하는 사람들은 분명 이해할 수 없을 것이다. 이 소녀들이 한 말에 그가 느낀 자부심과 만족감. 이렇게 두려운 상황에서조차 사람들은 그의 능력을 원하고 의지하고 있었다. 이처럼 감동을 주는 직업이 또 있을까.」

신뢰에 보답하듯 자신은 수영을 하지 못하는 데도 불구하고 구명구를 전부 여성들에게 내준 뒤 보트에 태워 보냈다. 그리고는 보일러 폭발에 휘말려 바다에 내동댕이쳐졌다.

조지는 배의 파편을 붙잡고 버티다 가까스로 구조되었다. 안타깝게도 그가 목숨을 걸고 지키려 했던 소녀들은 숨지고 말았지만, 주인인 오르-루이스와는 재회할 수 있었다. 사고는 신문을 통해 알려지고, 조지 슬링스비는 지역의 영웅이 되었다.

🜊「이가 안 좋으세요? 모퉁이를 돌면 있는 치과의사가 용하다네요」라고 추천하는 친절한 풋맨. 「**(치료를 받아보시면)**끝내주는 겸자PRINCI-PLY FORCEPS의 소유자라고 하실 겁니다.」하지만 이는 「탁월한 실력의 소유자Facile prin-ceps」를 잘못 말한 것이었다. 「펀치」 1892년 3월 19일.

조지의 딸 니나 슬링스비 스미스는 아버지의 전기를 쓰면서 마음을 담아 사용인으로서의 그 자부심을 대신 전했다. 확실히 훌륭하기는 하지만 매우 특이한 상황이기도 해서 대다수의 평범한 가사 사용인이 이렇게까지 헌신적으로 살았다고는 도저히 생각할 수 없다. 다만 조금 더 소박한 수준으로 고용주를 향한 헌신, 일체감을 적극적으로 내보이려 하는 사람들은 있었다. 필요로 하고 신뢰하는 것, 그것이 그들의 보수였다.

사용인은「가족의 일원」일까?

가사 사용인은 정의상 가족에는 포함되지 않는다. 아무리 집사를 의지하고 메이드를 소중하게 여기는 집이라 해도, 교회에 가면 다른 자리에 나눠서 앉았고, 일상적으로 같은 식탁에 앉는 일은 없었다. 19세기가 끝나갈 쯤에「사용인 부족」이 사회 문제로 대두되었고, 가사 사용인의 대우는 이전 보다 개선되었다. 하지만 그럼에도 사려가 깊은 수준을 넘어서「너무 무른」고용주는 평론지나 신문을 통해 비판의 대상이 되었다.

이를 테면 19세기 말, 애버딘 백작 부인의 집에서 일주일에 한 번씩 주인과 사용인이 식사를 함께 한다는 소문이 돌았다. 소문은 빅토리아 여왕까지 관심을 갖는 스캔들이 되었고, 여왕은 로즈베리 경에게 사실을 조사하라는 명을 내렸다. 백작 부인은「우리 집 세대구성에도 정통적인 룰을 엄격하게 적용하고 있습니다」라고 변명했다고 한다. 당시 백작 부부가 사용인의 복리후생과 교육을 목적으로 하는 자선 단체나 친선 모임을 설립한 것이 과장되어 퍼졌던 것이다. 아무리 허물없이 지내도 주인과 사용인의 경계는 지켜야만 했다.

1920년대에 애스터 자작가의 하급 집사로 지내던 찰스 딘은 자작가를 떠나 자작의 친척인 앨리스 애스터의 집으로 가기로 결심했다. 자작 부인은 그를 불러 꼬치꼬치 물었다.

「"그런데 찰스, 내 곁에서 떠나고 싶은 이유가 뭐지?"

또다시 위험한 질문을 받았습니다. 그녀는 문제를 교묘하게 사적인 문제로 돌린 것입니다. 사용인은 돈에 움직이지 않는다는 이미지가 있었기에 저는 그쪽을 피해 대답했습니다.

"출세가 하고 싶었습니다. 그리고 여행을 하고 싶은 소망이 있습니다."

"어머나, 여행이라면 할 수 있는데. 좋아하는 영화 필름을 얼마든지 빌려줄게. 작업실에서 상영하면 느긋하게 전 세계를 돌아볼 수 있어."

여주인 「그런데 빙크스, 그만두려는 이유가 뭐지?」 집사 「주인님 때문입니다. 어제, 그분은 마치 자신이 이 성의 주인인 듯한 말투로 저에게 말씀을 하셨습니다.」 상하관계의 불화. 『펀치』 1921년 5월 11일.

그 말을 듣고서도 저는 아무런 대꾸도 하지 않은 채 그저 아리송한 표정으로 웃으면서 서 있었습니다.

"외로울 거야, 찰스."

그 말이 바로 제가 원했던 말이었습니다.

"그래도 저는 앞으로도 쭉 가문의 일원입니다. 마님."

그녀는 잠시 동안 제 대답을 곱씹고는 말했습니다.

"그러네. 그것으로 만족해야 할 것 같네. 우리 집에 몇 년 있었지?"

4년입니다, 하고 저는 대답했습니다.」

표면적인 친밀함. 가족이라는 감각. 그렇지만 도저히 이해할 수 없고 양립할 수 없는 경계선이 그어져 있는 모습을 엿볼 수 있는 대화다.

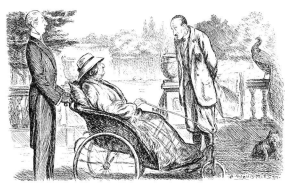

《 상류 사회의 황혼. 근처에 살던 지주는 땅을 내놓고 외국으로 떠났다. 「이 지역에 남은 사람은 어머니와 저뿐이네요.」라고 말하는 영주(오른쪽). 「남은 사람」에 노부인의 휠체어를 미는 풋맨과 개와 공작새는 포함되지 않는다. 『펀치』 1913년 5월 28일.

신부의 아버지를 대신하여

「넘어갈 수 없는 신분」은 철저하게 지키면서도 가족의 정 비슷한 것을 쌓은 사례는 다른 집에서도 찾아볼 수 있었다. 그 관계의 형태는 다양했다.

앞에서 이야기했다시피 19세기 초 「홀컴 홀」에서는 주인인 토마스 코크와 충실하고 유능한 「에이전트」 프란시스 블레이키가 힘을 합쳐 영지를 운영하고 있었다. 주인의 첫 번째 부인은 18세기 말에 사망하였고, 막내딸인 엘리자베스가 「안주인 역할」을 이어받아. 남녀 사용인을 채용·해고하거나 사용인의 소개장을 직접 쓰는 등 열정적으로 살림을 꾸려 나갔다. 내부 규율에도 엄격했고 메이드의 복장을 통제하기도 했으며, 「머리를 마는 컬용 종이나 그 외의 화려한 장신구를 금지시켰다」고 한다.

이와 같은 엄격한 관리 체제에도 영애이자 안주인인 엘리자베스는 사용인에게 사랑받았다. 주인인 코크는 사용인이나 임차인에게 아버지 같은 온정을 베풀었다. 이 은혜에 대한 보답이 영주의 딸에게 돌아간 것으로 보인다.

※ 「홀컴 홀」의 주인 토마스 코크(1754 ~ 1842). 빅토리아 여왕이 즉위한 해인 1837년에 백작 작위를 수여받았다. 게인즈버러가 그린 젊은 시절의 초상화.

1822년, 코크가 재혼하고 엘리자베스도 결혼을 하게 되었다. 그때, 블레이키는 미래의 남편이 그녀에게 어울리는 인물인지 아닌지를 직접 체크했다고 한다. 교우 관계는 괜찮은가? 빚은 없는가? 화려한 생활을 좋아하지는 않는가?「코크 아가씨의 행복을 부탁하기에 적합한 인물인가?」

다행히 신랑 후보는 모든 항목에서 블레이키의 체크를 통과했고, 그는 엘리자베스 영애에게 결혼 선물로 목걸이를 보냈다. 고급 토파즈 로켓이었는데, 다이아몬드가 박혀 있고 3야드 반3.2m 길이의 금 체인이 달려 있었다.

결혼이나 재혼을 하는 레이디에게서 그를 어떻게 생각하냐는 질문을 받은 집사는 블레이키 말고도 많았다. 어떤 신사숙녀도 일상 속 모든 것을 돌봐주는 사용인을 상대로 자신을 겉꾸밀 수는 없다. 사교계에 드나드는 인물의 평가는 사용인 커뮤니케이션을 통해 알아보는 것이 확실했을 것이다.

직업의식의 폭주

영애의 행복을 바라는 수준에서 그치면 좋으련만 보호 욕심이 과한 사용인도 있었다. 주인의 소유물을 너무 소중하게 생각한 나머지 필요할 때에도 내놓으려 하지 않은 것이다. 윌리엄 랜슬리는 19세기 말, 그런 하급 집사를 만난 적이 있다.

「하급 집사는 좀 별난 사람이었는데, 오랜 기간 일을 하면서 은식기는 자신의 것이며 자신의 뜻에 따라 놓는 것이 당연하다는 생각까지 하였다. 하우스 파티 기간 동안, 그는 테이블 장식에 대해 매일 밤 다른 의견을 냈다. 마님이 이미 완성된 식탁에서 몇 가지 바꾸라고 지시하면 그는 매우 동요했고, 그날 밤은 저기압인 상태로 고함을 지르며 일을 시켰다. 그렇지만 이런 나쁜 버릇만 빼면 이 하급 집사는 꼼꼼하고 치밀하게 일을 할 줄 아는 사람이었다. 실제로 그는 모든 혼을 일에 바쳤다.」

고급 리넨이나 도자기를 관리하는 가정부에게서도 동일한 행동 패턴을 찾아볼 수 있었다. 또, 수석 정원사들은 아직 익지도 않은 채소를 주방에서 가져가면 「농작물 살해」라고 분개하며 증오했다.

지금 거론한 사람들은 모두 성실하게 직무에 임하는 사람들이

※ 연로한 집사의 눈에는 요즘 젊은 아가씨의 버슬Bustle 패션이 못마땅하게 보이는 모양이다. 『펀치』 1874년 10월 17일.

기는 했다. 다만, 자신의 눈앞에 있는 일에 과하게 열중한 나머지 「사용인은 사람들에게 서비스를 한다」라는 본래의 목적을 망각하고 만 것이다.

주인의 이름과 지위를 받다

제7장에서 다뤘듯이 사용인이 주인의 소유물을 자신의 것으로 만드는 착복 · 횡령의 사례는 빈번하게 발생했다. 이번 장에서 살펴본 「주인 가문에의 귀속 의식」의 연장선으로 생각해본다면 「자신의 집」에 있는 음식과 옷이니 당연히 마음대로 쓸 수 있다는 생각을 가지고 있던 것은 아니었을까? 고의든 무의식이든 주종의 경계선을 무너뜨리고, 가문과 자신을 일체화했을 수도 있다.

체류 형식의 하우스 파티에는 방문객이 자신의 개인 사용인을 데리고 온다. 그들은 방문한 집의 사용인 홀에서 대접을 받는데, 그때 자신의 이름이 아니라 주인의 성으로 불리는 경우도 있다. 어느 날 홀컴 홀 주인의 손녀는 한 남성 사용인이 다른 남자에게 「이봐, 스태너프. 로즈베리의 부츠는 닦았어?」라고 말하는 소리를 듣고 재미있어 했다. 그 이름들은 모두 유명한 백작의 이름이었다. 마치 친한 귀족들끼리 손수 구두를 닦아주고 있는 것처럼 들렸던 것이다.

사용인은 자신이 모시는 가문의 지위를 이어받아 서로의 격을 따졌다. 귀족 가문의 사용인이 일반 지주의 사용인보다 명백하게

◈ (왼쪽)점원 「베이스워터 공작님이십니까?」 당당한 풋맨 「나다!」 주인의 명예를 앞세워
으스대는 모습. 「펀치」 1883년 8월 18일.
◈ (오른쪽)존 토마스 「프랑스에서는 사냥터 관리인이나 구제 불능한 인간들에게까지 선
거권을 주려고 하고 있어. 우리에게는 있을 수 없는 일이야!」 「펀치」 1884년 3월 15일.

서열이 위였기 때문이다. 그렇기 때문에 사용인들은 자기 자신의
위계는 물론 근무하는 가문의 지위를 올리는 일에도 기를 썼다.

찰스 딘은 1920년대부터 30년대 동안 여주인 앨리스 애스터를
모시면서 그녀가 결혼과 이혼을 반복하는 모습을 지켜봤다. 집사
겸 시종으로서 직접 모신 상대는 남성 주인이었지만, 이혼이 성립
해도 그는 계속 부인 곁에 남았다. 첫 번째 남편은 러시아의 귀족
으로, 러시아 혁명으로 인해 본인의 재산을 잃었다. 두 번째는 오
스트리아인 작가의 아들. 그리고 세 번째 남편이 될 예정인 인물
의 정체를 안 순간, 딘은 마침내 집을 떠날 결심을 했다. 「공산주
의자 신문 편집 위원」이었던 남자를 주인으로 모시는 일은 도저히
견딜 수 없었던 것이다. 불륜이나 이혼은 허용할 수 있어도 사유
재산을 악으로 규정하고, 계급 차이를 없애려고 하는 공산주의는

받들 수 없었다. 딘이 믿는 가치관과는 정반대였기 때문이다. 유독 상급 사용인이 상황에 따라서는 귀족보다 더 보수적이고 직접 나서서 계급 사회를 지키려고 하는 경향이 있었다.

역사의 목격자들

남성의 직업으로서 사용인이라는 직업은 그렇게 좋은 평가를 받지 못했다. 남자답지 못한 직업이라는 견해도 있었다. 어릴 적에 집사의 길을 가겠다고 밝히자 주변에서 「다른 사람에게 굽실거리는 직업」 「사용인은 직업이 아니다」라며 부정적인 반응을 보였다는 회상도 드문드문 보인다.

한편, 출세해서 지위가 높은 귀족 가문의 상급 사용인이 되면 지역 사회에서 어엿한 인물로 대접받을 수가 있었다. 주인의 권세를 옷처럼 몸에 두르고, 주인의 재산을 움직일 힘을 가지고 있었기 때문이다.

높은 보수나 좋은 대우, 주인에게 받는 감사, 그리고 지역 상인에게 받는 존경 외에 집사

깨끗하게 손질된 은식기가 반짝이는. 주미 영국 대사관에서의 만찬. 외국에서는 전통적인 영국 스타일 사용인 서비스를 애용했다. 1960년대.

※ **(왼쪽)**런던 주재 소련 대사관. 1941년 8월 29일에 열린 오찬회. 연합국 측 정부를 대표하는 인물들이 모였다. 테이블 우측 중앙에 당시 영국 총리였던 처칠이 있다. 역사적인 식사 모임에서 시중을 담당하는 사용인의 속마음은 어땠을까?

※ **(오른쪽)**자랑스러운 여왕 폐하의 초상화를 등지고서 미국 워싱턴에 위치한 영국 대사관에서 일하는 집사 찰스 딘

들의 마음을 설레게 하는 것이 있다며 아마 왕실 사람들과의 만남일 것이다.

조지 슬링스비의 야망 중 하나는 「에드워드 7세의 시중을 드는 것」이었는데, 젊은 나이에 그 꿈을 이루었다. 「왕실 풋맨」이 된 프레더릭 고스트나 「왕실 관리인」인 어니스트 킹 역시 왕, 여왕, 왕자, 공주와의 만남을 자랑스럽게 생각했다.

그들의 전기에는 대부분 왕실과의 접촉이 인생에서 가장 빛났던 때라며 자랑스럽게 쓰여 있다. 「왕실 집사가 되고 싶었던(하지만 키가 모자랐던)」 신랄한 에릭 혼도 조지 5세와의 만남을 그리워했다.

문화인이나 유명인과 만난 일도 기억에 새겨졌다. 당대 유명 작곡가인 콜 포터Cole Porter는 여러 상류 가정에 자주 초대되어 여러 기록에 등장했는데, 어니스트 킹은 그가 피아노 연주를 하며 명곡

「비긴 더 비긴Begin the Beguine」을 만들어낸 순간에 그 자리에 있었다고 회상하고 있다.

조지 워싱턴은 제2차 세계대전 중 옥스퍼드서에 위치한 「디칠리 파크」라는 저택에서 근무를 했다. 1940년 늦가을부터 이 저택은 평범한 개인 저택에서 전쟁의 판도를 좌우하는 중요한 장소로 바뀐다. 윈스턴 처칠이 공습을 피해 주말을 보낼 집으로 선택되었기 때문이다. 총리의 신변 안전을 위해 사용인은 모두 기밀을 지킬 것을 맹세했다. 물론 가족이나 친구에게도 비밀은 누설하지 않았다. 조지 워싱턴은 처칠이 체류하는 동안 시종 역할을 하라는 지시를 받았다. 총리는 세간에 알려진 것보다 술을 많이 마시지 않았고, 조지 워싱턴의 눈에는 시가도 피우기 위해서라기보다 자신의 상징으로서 물고 있는 것처럼 보였다. 매주 토요일 밤에는 홀에서 개인적으로 영화를 틀어서 감상했다. 조지 워싱턴이 처칠과 동석하여 본 영화는 「바람과 함께 사라지다」였다.

주인과 자신을 일체화하고 높은 지위에 자신을 동화시킴으로써 평범한 사람은 꿈도 못 꾸는 역사적인 장면에 있을 수 있다. 유명인을 가까이에서 모시면서 의외의 모습을 볼 수 있다. 이러한 것이야말로 가사 사용인이라는 직업의 묘미였다.

🕭 트레이드마크인 시가를 손에 든 윈스턴 처칠(1874~1965년).

배우로서의 집사

    나이가 든 미망인은 곁을 지키는 풋맨에게 추억을 이야기한다. 이혼을 앞둔 귀족은 가족에게 말할 수 없는 고민을 집사에게 털어 놓는다. 그러나 고민에 답을 바라는 것은 아니다. 주인이나 안주인 은 그저 그 자리에 서서 담담한 표정으로 들어주는 존재가 있기를 바랄 뿐이다.

    그곳에 있기를 원하지만 지적이고 심도 있는 대화를 딱히 원하 지는 않는다. 그저 깔끔하게 갖춰 입고 서서 안심시켜줬으면 한다. 남성 사용 인에게는 그런 장식품으로서의 역할이 요구되었다.

    피터 휘틀리는 1930년생으로, 사용 인 세계에서 일하기 시작했을 때에는 이미 제2차 세계대전이 끝나 있었다. 그는 엘리자베스 2세의 대관식(1953년) 을 보고 왕실 사용인이 되기로 결심했 다. 「왕실 풋맨의 제복이 『신데렐라』 속 무도회 장면을 연상시켰기 때문」이 다. 그는 과거 아마추어 극단의 연기자 였으며, 『신데렐라』도 상연 목록에 있 었다.

    왕실 풋맨으로 응모하지만 불합격이

❦ 연극에 참가한 젊은 날의 피터 휘틀리. 신데렐라의 언니 역을 맡은 이후로 지 역에서는 여장 배우로 약 간의 인기를 얻었다.

었다. 씩씩거리며 돌아오는 길에 「더는 아동극 내용 따위 믿지 않 겠어」라는 결심을 한다. 그러나 가사 사용인의 길은 이어졌고, 애 스터 자작의 아들인 마이클 애스터Michael Astor의 집 풋맨이 되었다. 결국은 동화 속에 나올 법한 제복을 입게 된 것이다.

제2차 세계대전 이후 시대에 가사 사용인의 길을 걷고자 한 배 우 출신 피터는 그 길에 들어서자마자 사용인이란 장식품을 연기 하는 존재임을 깨달았다. 말하자면 좋았던 옛 시절을 현대에 재현 하는 허구의 「무대」에 스스로 발을 들인 것이다.

주인이나 안주인, 영애와의 관계를 이야기한 집사들의 회 고록은 실화이면서도 놀라운 드라마로 가득 차 있어서 소설 이나 희곡, 영화 속 세계로 느껴 질 정도다. 애스터 부인과 그녀 의 역대 집사들의 대화는 오스 카 와일드의 희곡처럼 위트가 넘친다. 귀부인을 동경하는 풋 맨들의 마음은 마치 로맨스 소 설 같다. 알코올에 굴복한 에릭 혼의 주인의 비극은 에블린 워 Evelyn Waugh의 소설 『다시 찾은 브라이즈헤드Brideshead Revisited』

가즈오 이시구로石黒一雄의 소설을 원작으로 하는 영화「남아 있는 나날 Remains Of The Day」(1993년). 집사 스 티븐스가 20세기 초, 제1차, 제2차 세계대전 사이의 시기에 귀속을 모 신 나날을 회상한다. 「영국 집사」다 운 이미지를 응축한 작품. 사진 협 력 · 공익재단 법인 가와키타川喜多 기념영화 문화재단.

와 비슷하다. 조지 슬링스비가 이야기한 루시타니아 호의 모험담은 영화 「타이타닉」이라도 보는 듯하다. 「진실은 소설보다 기이하다Truth is stranger than fiction」라는 말보다 더 적절한 표현이 또 있을까.

혹은 사용인으로서 자신의 인생을 성공적이었다는 만족감과 함께 돌아볼 때, 한 편의 이야기처럼 로맨틱한 연출로 색을 입히고 싶어진 것일지도 모른다. 그러면서 찬바람이 스치는 접이식 침대에서 잤을 때의 감각이나 설거지 방에 틀어박혀서 만나는 일조차 드물었던 최하층 메이드들의 불만스러운 표정 같은 것은 기억에서 사라져버렸을 수도 있다. 집사들은 눈은 그들이 심취한 주인이나 안주인에게 향해 있다.

모든 것은 나중에 상상한 것에 불과하며 진상은 알 수 없다. 그저 그들의 눈에 비친 진실만이 남아 있을 뿐이다.

그리고 또다시 집사의 환상

에릭 혼은 1923년에 출간한 자서전에서 이와 같이 말했다.

「집사라는 존재는 점점 적어지고 있다. 실제로 머지않아 도도새처럼 멸종할 것이다. 그렇게 되면 고고학자는… 아니, 그들 밖에 이런 짓을 할 이는 아무도 없겠지만, 샘플을 잡아서 박제로 만든 뒤 대영 박물관에 전시하면 될 것이다. 그리고 분류 라벨에는 이렇게 적겠지. '영국 집사의 완벽한 표본. 말대답하지

⁂ **(왼쪽)**면접 풍경. 「제가 장식품으로 고용된 것인지, 아니면 일을 하라고 뽑은 것인지, 그 점을 맨 먼저 여쭙고 싶습니다.」 19세기 중반, 남성 사용인은 이미 이러한 시선을 받고 있었다. 『펀치』 1854년 2월 4일.

⁂ **(오른쪽)**마차 뒤에 선 풋맨을 공작새로 비유한 풍자화. 장식 이외에는 쓸모가 없어 보인다. 『펀치』 1860년 8월 4일.

않는 것은 보증함.」

    그러나 그의 예상과는 달리 집사라는 존재는 21세기인 현대에도 살아남았다. 고급 호텔에서 숙박하는 사람에게 철저한 서비스를 제공하는 컨시어지Concierge의 일종으로. 또는 할리우드 스타나 중동, 중국 등에 사는 억만장자의 가사 관리자Household manager로 말이다. BBC의 2005년 2월 기사와 『뉴욕 타임스』의 2008년 3월 기사에서는 영국식을 장점으로 내세운 집사 서비스가 인기라고 소개되었다(그리고 이와 같이 집사와 관련된 미디어 기사에는 대부분 P.G. 우드하우스P.G. Wodehouse가 쓴 고전 유머 소설 「지브스Jeeves」 시리즈가 머리말로 인용된다). 단 이제는 그들의 출신국이 영국뿐인 것은 아니다. 또 예전처럼 남성이 독점하는 직업도 아니게 되었다.

「아이버 스펜서Ivor Spencer 집사 학교」나 「국제 집사 아카데미The International Butler Academy」 등 오랫동안 왕실이나 개인 저택에서 집사로 지낸 인물이 설립한 「집사 학교」가 여러 개 존재한다. 학교의 공식 사이트에는 마치 영화에서 튀어나온 듯한 집사가 검은 옷과 흰 장갑을 착용하고서 일하는 모습이 게재되어 있다. 단순히 컨시어지 서비스를 제공하는 것이 목적이라면 모닝슈트는 비효율적일 터다. 집사의 서비스를 받기 원하는 사람 중에는 그들이 「전통적인 영국 집사」 역할을 연기해주고, 픽션 세계에서 본 이미지대로 행동해주리라 기대하는 사람도 있을 것이다.

과거 집사들의 경험을 통해 가공의 세계로, 그리고 가공의 세계를 통해 현대적 집사상像으로. 이미지는 돌고 돌아 지금도 여전히 존재하고 있다.

✦ 「집사를 잃은 슬픔」을 노래한 풍자시에서. 「아아, 나의 집사여! 돌아오라. 나는 홀로 방황하며 헤맨다. 그가 없는 삶이 자유라 한다면 자유 따위 없어도 좋다. 우아하며 중후한 그 모습—」「고귀한 연미복이여, 나의 저택에 〈품격〉을 더해준, 그가 없으면 내 영혼은 방탕 속에 빠지리라. 아아, 나의 집사여, 돌아오라」 집사를 고용하면 한 단계 격이 높은 생활을 할 수 있다고 여겨졌다. 「펀치」 1892년 8월 20일.

참고문헌

- A & C Black Publishers Limited, 『Titles and Forms of Adress Twenty-first edition』, A & C Black, 2002
- A Member of the Aristocracy, 『MANNERS AND RULES OF GOOD SOCIETY Sixteenth Edition』, Frederick Warne and Co, 1890
- A Member of the Aristocracy, 『MANNERS AND TONE OF GOOD SOCIETY 2. ed,』, Frederick Warne and Co, 1880
- Alison Adburgham, 『Yesterday's Shopping The Army & Navy Stores Catalogue 1907』, David & Charles, 1969
- Alison Adburgham, 『Victorian Shopping Harrod's 1895 Catalogue』, St. Martins Press, 1972
- Cynthia Asquith, 『REMEMBER AND BE GLAD』, James Barrie, 1952
- Jeri Bapasola, 『Household Matters: Domestic Service at Blenheim Palace』, Blenheim Palace, 2007
- Phyllida Barstow, 『THE ENGLISH COUNTRY HOUSE PARTY』, Sutton Publishing, 1989
- The Marchioness of Bath, 『Before the Sunset Fades』, The Longleat Estate Company, 1951
- Mrs Beeton and Nicola Humble, 『Mrs Beeton's Book of Household Management』, Oxford University Press, 2000
- John Burnet, 『Useful Toil』, Routledge, 1994
- Lady Colin Campbell, 『Etiquette of Good Society』, Cassell and Company Limited, 1893
- Elizabeth Cartwright-Hignett, 『LILI AT AYNHOE』, Barrie & Jenkins, 1989
- Charles W Cooper, 『TOWN AND COUNTY』, Lovat Dickson, 1937
- Phillis Cunnington, 『Costume of Household Servants From the Middle Ages to 1900』, Barnes & Noble, 1974
- Jennifer Davies, 『The Victorian Kitchen』, BBC Books, 1989
- (일본어 역)제니퍼 데이비스 저, 시라이 요시아키白井 義昭 역, 『영국 빅토리아 왕조의 키친 英国ヴィクトリア朝のキッチン』, 사이류샤彩流社, 1998
- Frank Dawes, 『Not in Front of the Servants』, Taplinger Publishing Company, 1974
- Debrett's Peerage Limited, 『Debrett's Correct Form』, Headline Book Publishing, 2002

- Gustave Doré, 『Doré's London』, Dover Publications, Inc., 2004
- Jean. L. Druesedow, 『Men's Fashion Illustrations from the Turn of the Century』, Dover Publications, Inc., 1990
- Paul Drury, 『Audley End』, English Heritage, 2010
- David N. Durant, 『Life in the Country House: a Historical Dictionary』, John Murray, 1996
- Hilary and Mary Evans, 『The Party That Lasted 100 Days』, Macdonald and Jane's, 1976
- Siân Evans, 『Life below Stairs』, The National Trust, 2011
- Juliet Gardiner, 『Manor House, Life in an Edwardian Country House』, Bay Books, 2003
- Jessica Gerard, 『Country House Life: Family and Servants, 1815-1914』, Blackwell, 1994
- Mark Girouard, 『Life in the English Coutry House』, Yale University Press, 1978
- (일본어 역)마크 지로드 저, 모리 시즈코·휴즈森静子·ヒューズ 역, 『영국의 컨트리 하우스(상·하)英国のカントリー・ハウス (上・下)』, 생활의 도서관 출판국住まいの図書館出版局, 1989
- Frederick John Gorst, 『Of Carriages and Kings』, Thomas Y. Crowell, 1956
- Paul Holden, 『Lanhydrock』, The National Trust, 2007
- Roy Archibald Hall, 『A Perfect Gentleman』, Blake Publishing Ltd, 1999
- Christina Hardyment, 『Behind the Scenes』, The National Trust, 1997
- Rosina Harrison, 『ROSE: My Life in Service』, The Viking Press, 1975
- Rosina Harrison, 『GENTLEMEN'S GENTLEMEN』, Arlington Books, 1976
- Adeline Hartcup, 『Below Stairs in the Great Country Houses』, Sidgwick and Jackson, 1980
- Pamela Horn, 『LADIES of the MANOR』, Alan Sutton Publishing, 1991
- Pamela Horn, 『High Society 』, Alan Sutton Publishing, 1992
- Pamela Horn, 『Life Below Stairs in the 20th Century』, Sutton Publishing, 2003
- Pamela Horn, 『The Rise and Fall of the Victorian Servant』, Sutton Publishing, 2004
- (일본어 역)파멜라 혼 저, 고야스 마사히로子安雅博 역, 『빅토리안 서번트ヴィクトリアン・サーヴァント』, 에이호샤英宝社, 2005
- Pamela Horn, 『Life in the Victorian Country House』, Shire Publications, 2010
- Eric Horne, 『What The Butler Winked At』, T. Werner Laurie, Ltd, 1923
- Roger Hudson, 『THE JUBILEE YEARS 1887-1897』, The Folio Society, 1996
- Frank E Huggett, 『Life Below Stairs』, John Murray, 1977

- Arthur Inch, Arlene Hirst, 『DINNER IS SERVED』, Running Press, 2003
- John James, 『The Memoirs of a House Steward』, Bury, Holt & Co., Ltd, 1949
- Michael Jubb, 『Cocoa & Corsets』, HMSO Publications, 1984
- Ernest King, 『THE GREEN BAIZE DOOR』, William Kimber, 1963
- Anthony J. Lambert, 『Victorian and Edwardian Country-House Life: from old photographs』, B. T. Batsford, 1981
- The Earl of Leicester, 『Holkham』, The Earl of Leicester, Coke Estates Ltd, 2004
- Norman Lucas, Philip Davies, 『The Monster Butler』, Weidenfeld and Nicol, 1979
- A. H. Malan, 『More Famous Homes of Great Britain』, G. P. Putnum's Sons, 1899
- Stella Margetson, 『Victorian High Society』, B. T. Batsford, 1980
- Brian P Martin, 『Tales of the Old Gamekeepers』, David & Charles, 1989
- Susanna Wade Martins, 『COKE of NORFOLK 1754-1842』, The Boydell Press, 2009
- Sally Mitchell, 『Daily Life in Victorian England』, The GreenwoodPress, 1996
- Samuel Mullins, Gareth Griffiths, 『Cap and apron: an oral history of domestic dervice in the Shires, 1880-1950』, Leicestershire Museums, Arts & Records Service, 1986
- Jeremy Musson, 『Up and Down Stairs』, John Murray, 2009
- Shirley Nicholson, 『A Victorian Household』, Sutton Publishing, 1998
- A. M. Nicol, 『The MONSTER BUTLER』, Black & White Publishing, 2011
- Noel Streatfield, 『The Day. Before Yesterday』, Collins, 1956
- JoAnne Olian, 『Elegant French Fashions of the Late Nineteenth』, Century Dover Publications, Inc., 1997
- TerencePepper, 『HICHSOCIETY:PHOTOGRAPHS 1897-1914』, National Portrait Gallery, 1998
- Margaret Powell, 『Below Stairs』, Peter Davies, 1968
- (일본어 역)마가렛 파웰 저, 무라카미 리코村上リコ 역, 『영국 메이드 마가렛의 회상英国メイドマーガレットの回想』, 가와데쇼보신샤河出書房新社, 2011
- Pamela A. Sambrook, 『The Country House Servant』, Sutton Publishing, 1999
- Pamela Sambrook, 『Keeping Their Place』, Sutton Publishing, 2005
- John Seymour, 『Forgotten Household Crafts』, Doring Kindersley, 1987
- (일본어 역)존 세이무어 저, 생활사연구소生活史研究所 역, 고이즈미 카즈코小泉和子 감수, 『도설 영국 핸드메이드 생활지図説イギリス手づくりの生活誌』, 도요쇼린東洋書林, 2002
- George R. Sims, 『Edwardian London: Vol 1 ~ 4』, The Vi llage Press, 1990
- Smith, Nina Slingsby, 『George Memoirs of a Gentleman's Gentleman』, Johnathan Cape, 1984

- The Stationary Office, 『Whataker's Almanack 1900; Facsimile Edition The』, Stationary Office, 1999
- Albert Thomas, 『Wait & See』, Michael Joseph Ltd, 1944
- F.M.L. Thompson, 『English Landed Society in the Nineteenth Century』, Routledge&KeganPaul, 1963
- E.S Turner, 『What The Butler Saw』, Penguin Books, 2001
- Sarah Warwick, 『UPSTAIRS & DOWNSTAIRS』, Carlton Books, 2011
- Giles Waterfield, Ann French, Matthew Criske, 『Below Stairs: 400 years of servants' portraits』, National Portrait Gallery, 2003
- C. Anne Wilson, 『Food for the Community』, Edinburgh University Press, 1993
- R·D·앨트릭 저, 무라타 야스코村田靖子 역, 『빅토리아 왕조 시대 진홍색 연구ヴィクトリア朝の緋色の研究』, 고쿠쇼칸코카이国書刊行会, 1988
- 고이케 시게루小池滋 편, 『빅토리안 펀치ヴィクトリアン・パンチ』, 가시와쇼보柏書房, 1995-1996
- 고바야시 아키오小林章夫 편집·해설, 『영국의 사용인ブリティッシュ・サーヴァント』, 유리카 프레스ユーリカ・プレス, 2006
- 다카하시 유코高橋裕子, 다카하시 다쓰시高橋達史, 『빅토리아 왕조 만화경ヴィクトリア朝万華鏡』, 신초샤新潮社, 1993
- 나가시마 신이치兵島伸一, 『세기말까지의 대영제국世紀末までの大英帝国』, 호세이 대학 출판 국法政大学出版局, 1987
- 로버트 W. 말컴슨 저, 가와시마 아키오川島昭夫, 사와베 고이치沢辺浩一, 나카후사 도시로中房敏朗, 마쓰이 요시아키松井良明 역, 『영국 사회의 대중오락英国社会の民衆娯楽』, 헤이본샤平凡社, 1993
- 마쓰무라 마사이에松村昌家, 『펀치 소묘집 19세기 런던『パンチ』素描集 19世紀のロンドン』, 이와나미쇼텐岩波書店 1994
- 마쓰무라 마사이에 감수, 『The Graphic: An Illustrated Weekly Newspaper』, 혼노토모샤本の友社, 1999-2006
- 미즈타니 미쓰히로水谷三公, 『왕실·귀족·대중王室·貴族·大衆』, 추오코론샤中央公論社, 1991
- 무라오카 겐지村岡健次, 『빅토리아 시대의 정치와 사회ヴィクトリア時代の政治と社会』, 미네르바 쇼보ミネルヴァ書房, 1980
- 무라오카 겐지, 가와키타 미노루川北稔 편저, 『영국 근대사[개정판]イギリス近代史[改訂版]』, 미네르바쇼보, 2003
- 무라카미 리코, 『도설 영국 메이드의 일상図説英国メイドの日常』, 가와데쇼보신샤 2011
- 모리 마모루森護, 『영국의 귀족-뒤늦게 성립된 공작위英国の貴族-遅れてきた公爵』, 다이슈칸쇼텐大修館書店, 1987

후기

『영국 메이드의 일상』에 이어 시리즈 두 번째인 『영국 집사의 일상』이 무사히 책으로 나왔습니다.

두 번째 책이니 쓰는 법도 대충 감을 잡았겠다, 조금은 편하게 진행할 수 있겠지? 사진이나 도판 자료도 전보다는 적은 것 같으니까 페이지도 훨씬 줄어들 테고. …이렇게 생각했던 것이 참으로 큰 오산이었습니다. 실제로 작업에 들어가보니 집필 기간도 책의 분량도 훨씬 불어나는 등, 생각했던 것과는 전혀 다르게 돌아가더군요.

집사는 메이드의 남성판이 아니었습니다. 단순히 여자를 남자로 치환한다고 해서 될 일이 아니었던 것이죠. 여러 사료들을 살펴보면서 오히려 100여년 전 영국 사회에 있어, 남녀간의 차이 그리고 비대칭성이 더욱 두드러지는 것을 알 수 있었습니다. 일단은 「집사」가 주인공인 책입니다만, 이러한 점에도 눈여겨보면서 책을 읽어주신다면 정말 감사하겠습니다.

시대의 변화에 따라 남성과 여성의 관계는 물론 계급 사회, 그리고 고용주와 피고용인의 관계도 계속해서 바뀌어가고 있습니다. 우리들 현대인이 생각하는 「영국 집사」는 문자 그대로 「풍요롭고 좋았던 옛 시절」을 로맨틱하게 필터링하여 보여주는 이미지일 것입니다. 이러한 이미지의 좋은 부분만을 걸러, 어디까지나 「이야기」로서 즐기고 소비하는 것 자체는 그리 나쁠 것이 없다고 생각합니다. 다만 저도 모르게 폐해까지 만연했던 시대로 되돌아가는 일이 없도록 주의하고 조심해야 하는 것은 분명하겠지만 말이죠. 집사도 메이드도, 여자도 남자도, 모두가 인격체로서 존중받고 살기 좋은 세상이 되기를 바라며.

2012년 5월
무라카미 리코

저자소개_**무라카미 리코** 村上 リコ

치바 현 출생. 도쿄 외국어 대학 졸업.
편집 프로덕션에서 근무하던 중, 2003년부터 자유기고가로 전향.
저서로는 『도설 영국 메이드의 일상』(가와데쇼보신샤)가 있으며,
공저로 『엠마 빅토리안 가이드』(엔터브레인), 역서로는 『영국 메이드 마가
렛의 회상』(가와데쇼보신샤) 등이 있다.
『영국 사랑 이야기 엠마』, 『흑집사』 등 빅토리아시대 영국을 모델로 한 텔
레비전 애니메이션 작품의 고증도 담당하고 있다.
웹사이트 : http://park2.wakwak.com/~rico/

역자 소개_**기미정**

성신 여자 대학교 일어일문학과를 졸업.
번역과 관련된 업무를 주로 하면서 한 나라의 언어가 내 손을 통해 자국
어로 바뀌는 과정에 신기함을 느꼈고, 그 결과물로 사업이 진행되는 모습
을 보면서 뿌듯함과 책임감을 느꼈다. 그러다가 어릴 적 꿈이 번역가였다
는 것을 떠올리고는 다시 한 번 꿈을 좇기 위해 본격적으로 번역가의 길
로 들어섰다. 옮긴 책으로는 『도해 문장』, 『게임이론』, 『이와나미 신서의
역사』등이 있다.

영국 집사의 일상

초판 1쇄 인쇄 2017년 11월 10일
초판 2쇄 발행 2021년 9월 30일

저자 : 무라카미 리코
번역 : 기미정

펴낸이 : 이동섭
편집 : 이민규, 탁승규
디자인 : 조세연, 김현승, 김형주, 김민지
영업 · 마케팅 : 송정환, 조정훈
e-BOOK : 홍인표, 서찬웅, 최정수, 심민섭, 김은혜
관리 : 이윤미

㈜에이케이커뮤니케이션즈
등록 1996년 7월 9일(제302-1996-00026호)
주소 : 04002 서울 마포구 동교로 17안길 28, 2층
TEL : 02-702-7963~5 FAX : 02-702-7988
http://www.amusementkorea.co.kr

ISBN 979-11-274-1113-8 03840

ZUSETSU EIKOKU SHITSUJI KIZOKUO SASAERU SHITSUJI NO SUGAO
©RICO MURAKAMI 2011
Originally Published in Japan in 2011 by KAWADE SHOBO SHINSHA Ltd, Publishers, Tokyo.
Korean translation rights arranged with KAWADE SHOBO SHINSHA Ltd, Publishers, Tokyo
Through TOHAN CORPORATION, TOKYO.

이 도서의 국립중앙도서관 출판예정도서목록(CIP)은
서지정보유통지원시스템 홈페이지(http://seoji.nl.go.kr)와
국가자료공동목록시스템(http://www.nl.go.kr/kolisnet)에서 이용하실 수 있습니다.
(CIP제어번호: CIP2017026890)

*잘못된 책은 구입한 곳에서 무료로 바꿔드립니다.